本・子ども・絵本

中川李枝子

絵・山脇百合子

JN140199

中川さんが翻訳した『アンネの童話』を手に。「アンネ・フランクが隠れ家で書いた童話やエッセイはとても瑞々しいの。彼女の感性に驚かされます」

「『ぐりとぐら』のかすてらは、『ちびくろ・さんぼ』のホットケーキがヒントになったのよ」

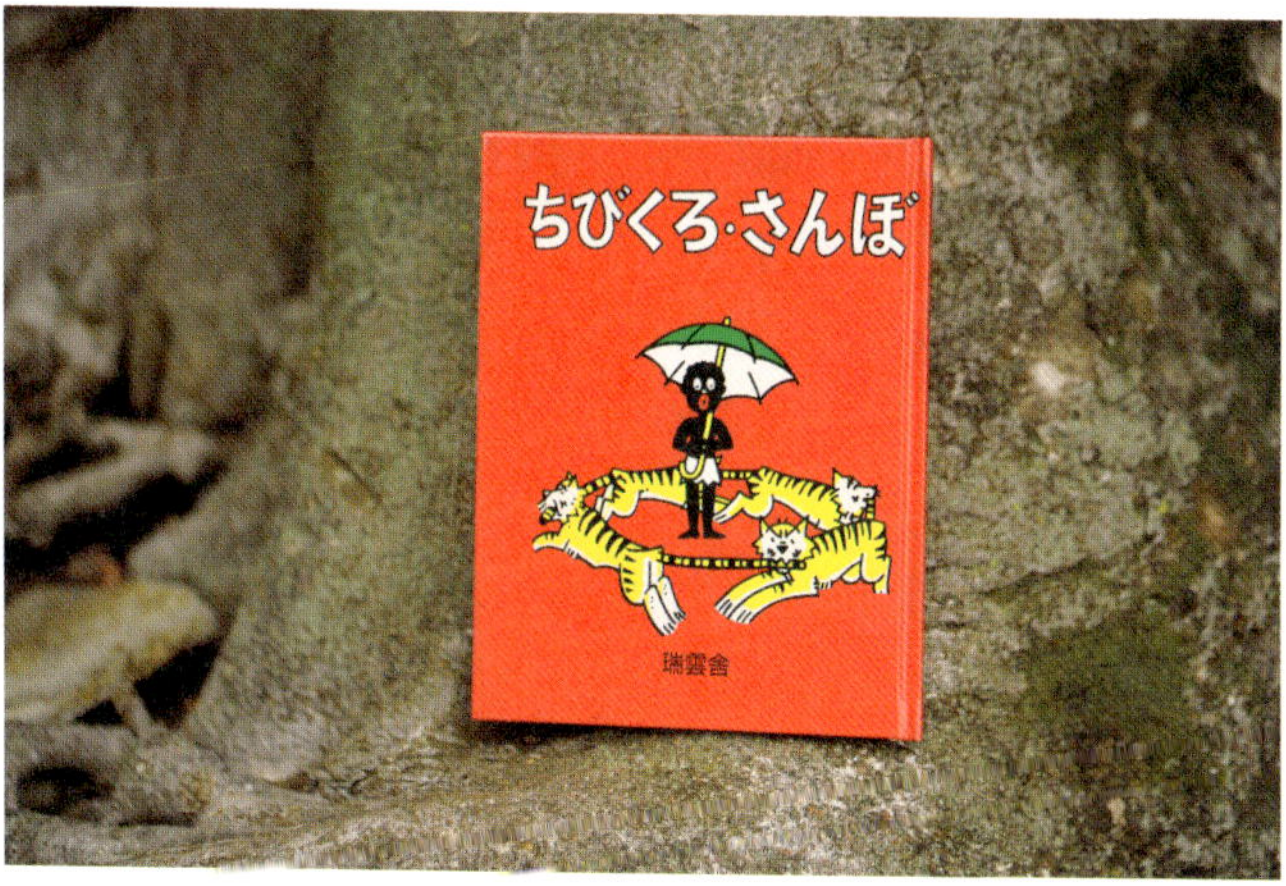

みどり保育園の保育士時代、『ちびくろ・さんぼ』のホットケーキが子どもたちに大人気。ホットケーキよりもっと美味しいおやつで子どもを驚かせようと思って書いたのが「たまご」（『ぐりとぐら』の前身となった絵童話）。

1962年に出版された童話『いやいやえん』（写真右）は、挿絵を実妹の大村（山脇）百合子さんが担当。その後、姉妹で作品を次々と世に送りだすことに。写真左は『たんたのたんけん』。

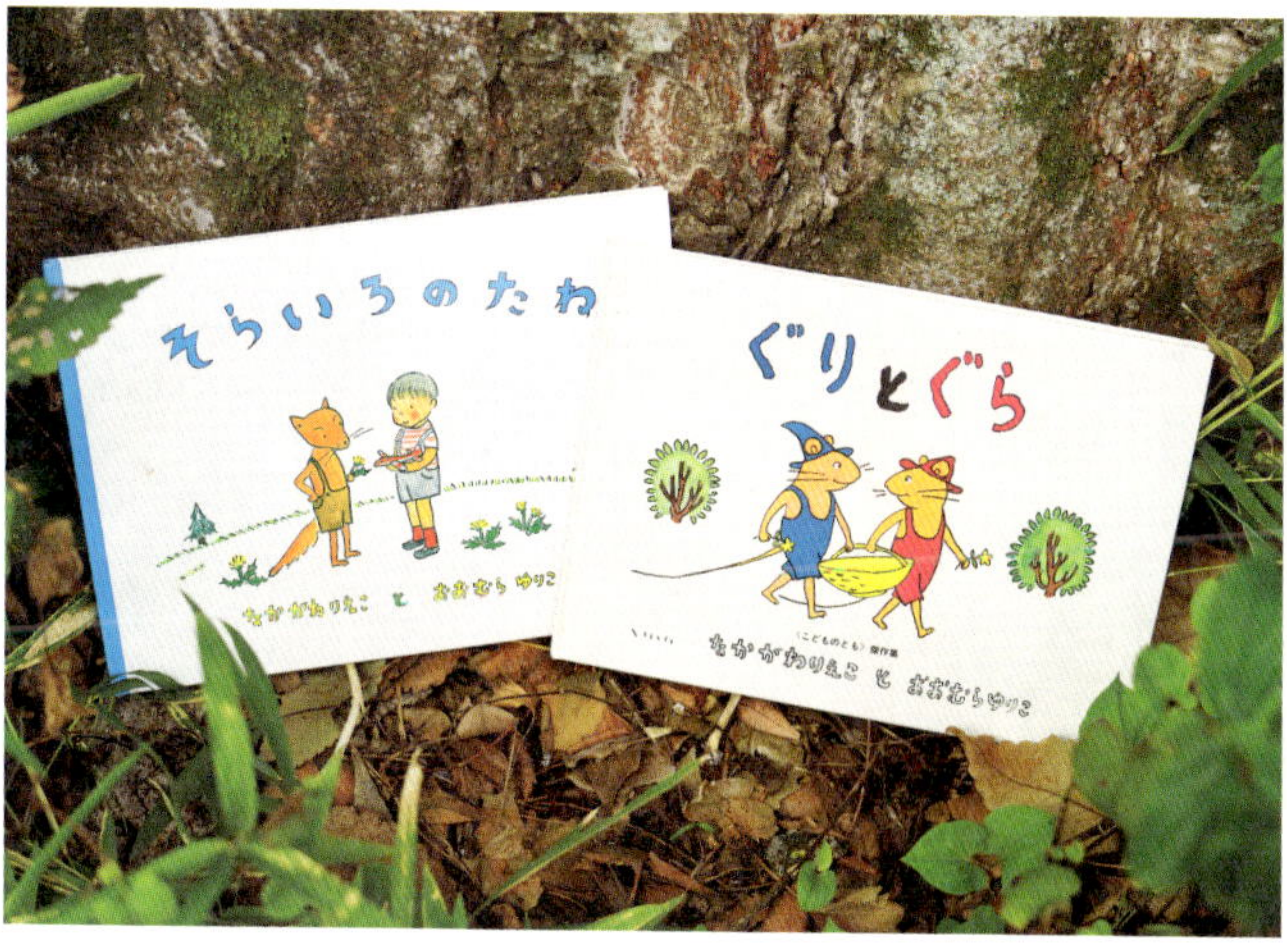

中川さんと大村さん姉妹による絵本は、どれも楽しくてワクワクする絵本ばかり。子どもの目線に立って描かれ、世界中の子どもたちを魅了し続けている。

『ちいさなねこ』（P34、42、46、81）『わたしとあそんで』（P87）といった、中川さんが絶対の信頼を寄せる絵本や児童書を本文で紹介。

読者から贈られた、手作りのぐりとぐらの家。自宅のリビングには、教え子やファンからの贈りものが大切に飾られている。

世界でたった一つの可愛いミニチュアの家は、丁寧なつくり。（前々頁『そらいろのたね』の本物の絵本と見比べてみてください）

リビングの書棚には、公私ともに親交の深かった石井桃子さんの写真が飾られている。石井さんは、岩波少年文庫の立ち上げに尽力した編集者で、多くの児童書や絵本を手がけた児童文学作家、翻訳家。

石井さんが晩年手作りした、唯一の器（底に「石」と刻まれている）。

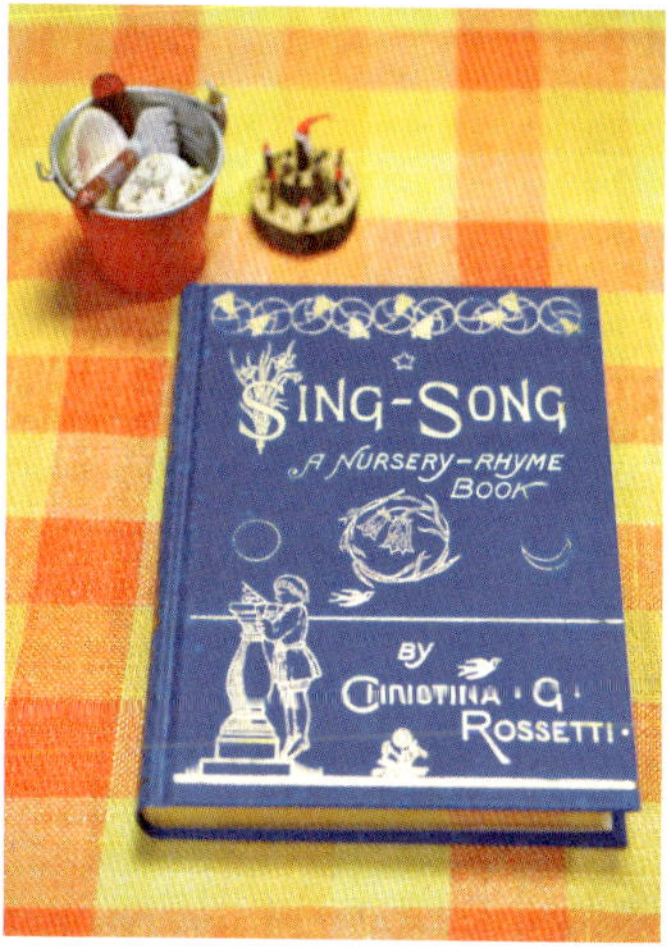

毎夏、石井さんの別荘に滞在していた中川さん。「石井先生は、お勉強が大好き」写真下は、石井さんから「勉強なさい」と言って中川さんに贈られたオズボーン・コレクション。

家族のアルバムより

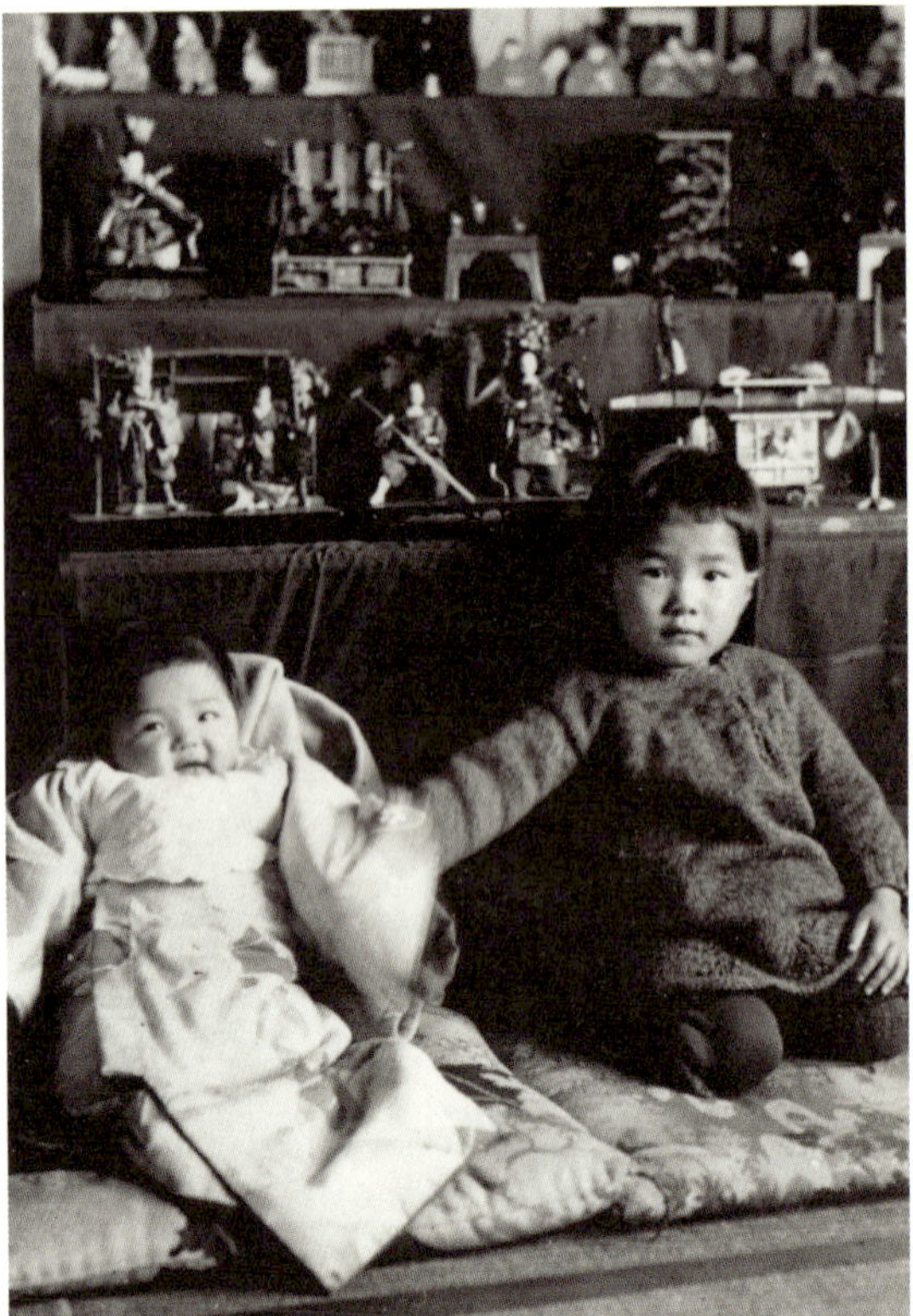

姉の桃代（右）と、赤ちゃんの李枝子。札幌での初節句（ひな祭り）。

母・千恵はアメリカのスタイルブックを参考にして、上等な布地で得意の刺繍をほどこすなど、子ども服を手作りしてお洒落だった。でも、子どもの中川さんは、目立つ格好がちょっとイヤだったという。（母、姉と）

父・清之助に遊んでもらい嬉しそうな李枝子。父は遺伝学を専門に学んでいたが、妻子を養うため学者になるのをやめ、北海道から東京へ移り住み蚕糸試験場に勤務。

左から弟の哲夫、姉、百合子、いとこ、一番右が李枝子。札幌の祖母宅にて。母は、子どもを一人の人間と認め、何事も一対一で接するように心がけた。

左から父、叔父（北海道大学医学部生）、姉、李枝子、母。両親ともに情操豊かに子どもを育てようという信念を持っていた。（本文 P155）

戦後すぐ、福島にて。自給自足の生活で一番大変だった時期に、家族全員が集まって撮った写真。前列左から、妹の百合子（8歳）、母（38歳）、末っ子の妹・菊代（4歳）、父（42歳）、弟（11歳）。後列左が中学生の李枝子（14歳）、高校生の姉（17歳）。妹二人は、二人の姉が名づけ親。

6歳の頃、親戚が営む池袋の写真館にて。

世田谷の広い原っぱの片隅で始めたみどり保育園の園長・天谷保子さん（右）と主任保育士・中川さん。子どもたちにどんな絵本を選ぶかは、お互い信頼し合っていた。

保育園からは、電車に乗って遠足に行くこともしばしばあった。写真は、二子玉川の遊園地（現在は廃園）。後列左が中川さん、右が天谷さん。前列右端が、『いやいやえん』の腕白坊や・しげるちゃんのモデルになった男の子。

園からほど近い馬事公苑でのびのびと遊ぶ、みどり保育園の子どもたち。遠足で行く所は、いつも大抵同じ場所。

絵本で楽しく豊かな心の体験をした子は、
人生に希望と自信を持ちます

新版によせて
〈近くにあって大事な三つ〉

中川李枝子

「三つのねがい」「三枚のおふだ」「三人の旅人たち」など、昔話のころから今のモダーンな「三点セット」にいたるまで、三つは欲ばらずケチらず丁度よい数なのでしょう。

私の人生でかかわった大事な三つといえば本と子どもと絵本になります。いつも身近にあるのでエッセイのタネにする機会も多く、大和書房のすすめで一冊にまとめて一九八二年初版で出していただきました。

するとすぐ、見知らぬ高校生のA子さんから『本・子ども・絵本』を読み、忘れていた幼い日々の記憶が鮮明によみがえったと、お便りをもらいました。

母子家庭で育ったA子さんは、お母さんが働いているため、小さいころからずーっと昼間はひとりぼっちでした。それなのに淋しいと思ったことは一度もなかった。なぜなら、お母さんが毎晩かならず本を読んでくれたからだそうです。

文章も筆跡も高校生らしく、きちんとした簡潔な手紙の行間にはA子さんのあふれる思いがこもっていて私の胸を打ちました。

ひとりぼっちの幼い女の子には、淋しいことや泣きたいことや甘えたいことはたくさんあったはずです。

毎晩お母さんの選ぶ一冊がA子さんの一日のマイナス分をすべて帳消しにして、A子さんは大満足でこころよい眠りにつき、翌朝は元気いっぱい目覚めたでしょう。そして始まる一日、たとえいやなことがあっても、夜になればお母さんと二人きりの「おたのしみ」が待っていると思えば、身も心もはればれするにきまっています。

世界でいちばん大好きなお母さんと物語や絵本の中に入っていくのです。ありったけの想像力を自由自在に駆使すればするほど、たのしみは深く広く力強くなるでしょう。

小学生にもなると悩みや口惜しさ、我慢も加わったと思います。今、十代の思春期の渦中にあるであろうA子さんが思い出した「子どもだったころ」は、きっと最高にしあわせで不満の入り込むすきなどなかったに違いありません。

サマセット・モームは「読書の習慣を持つ人は、人生の殆《ほとん》どすべての不幸からあなたを守る避難所ができる」と述べています。「A子さんはお母さんと二人きりどころか素敵な宮殿を持っていたのね」と私はうれしくなりました。

因《ちな》みにお母さんは本屋さんにお勤めで『本・子ども・絵本』は入荷した日に持ち帰ったそうです。きっと本が大好きで本屋さんで働くのを天職と心得ていらしたのではないかと思います。

A子さんの大事な三つは「本・お母さん・絵本」ではないでしょうか。

子育て真っ最中のお母さんや保育の仕事に係《かか》わる人たちとおしゃべりするとき、私はA子さんの手紙をメッセージとして伝えます。

あれから三十年、A子さんとお母さんはお元気でしょうか。

このところ、世の中は子どもをめぐって不幸な事件があとを断たず、本よりも絵本よりも子どもがいちばん気がかりです。

そもそも保育園で幼い子の盛んなエネルギーに圧倒され、負けてはいられないと私が必死で頼りにしたのが本と絵本でした。

子どもはつきあえばつきあうほど面白く、正直で愛すべき存在です。特に嬉しいときに見せる全身の表情は、頭から爪の先まで喜びにあふれ、かわいくて抱き締めたくなります。子どもひとりひとりを幸せな状態に置くことこそ保育士の腕の見せどころであり醍醐味《だいごみ》で、本と絵本は実にありがたい助けになってくれました。

子どもは一分一秒休みなく成長しています。それも順序正しく確実に。社会は目まぐるしく変化しようと、子どもの本質はゆるぎません。何を喜び、何を恐れるか、大人の忘れかけた大事なことを気づかせてくれるのは子どもたちではないかと、私は子どもを「考える物差し」にもします。

そのせいか、赤ちゃんや幼い子を見かけると目が離せません。上きげんだと私も嬉しく、不きげんでぐずっていると原因が気になります。また、思いがけない愉快なことや感心することもいっぱいあります。

先だって、雨上がりの午前中、スーパーストアは閑散《かんさん》としてカートを押す客もまばらな店内を我が物顔に走り回る四、五歳位の兄妹がいました。まだ足許の覚つかない妹は分厚いレンズの眼鏡をかけています。

私は二人が走って来るのを待ち受けて「あぶないわよ」と声をかけました。「ころんだら大怪我するでしょ」

男の子は突然の注意に驚いて足を止めると、キョトンとしている妹に「そうか。では、歩くとしよう」と言いました。

私は思わず「あたま、いい！」とほめました。

兄妹は手をつなぐと大真面目で歩き出しました。が、本当は走りたいのを一所懸命我慢している様子でした。

できるものなら、この二人を広い野原へ連れて行って、思う存分気のすむまで走らせたいと私は考えました。

青い空の広がる草の上を、とんだり、はねたり、ころがったり、立ったり、坐ったり、逃げたり、追いかけたり、歌って、笑って、どなって、でんぐりがえりをやってみる。

何をやっても大丈夫な安全地帯があったら、兄妹はどんなに張り切るでしょうか。野原の真ん中で男の子が指を一本立てて「このゆび、とまれ！」と呼べば、友だちが大勢あつまってくるでしょう。

鳥や虫や動物もやって来そうです。さあ、この賢いお兄さんと眼鏡をかけた小さい妹はどうするかしら。私は想像をたのしみました。

「本・子ども・絵本」の子どもについては、今はただ豊かな自然環境のもとで心身を自由にのびのびと解放し、存分に遊ばせたいと願うばかりです。

二〇一三年二月三日

もくじ

私と本との出会い

岩波少年文庫と私

本・子ども・絵本

本書は、2013年3月に大和書房から刊行された単行本（新版）に撮り下ろしの写真やイラストを追加し（オリジナルヴィジュアルページ1～16P）、文庫化しました。（単行本の第1版は1982年、改訂版は1997年に刊行。本書の底本とした新版は改訂版を全面的に改稿し、2篇の書き下ろしを加え再編集されています）

本文イラスト　山脇百合子
本文デザイン　大久保明子（文藝春秋デザイン部）
写真　杉山秀樹（文藝春秋写真部）
DTP制作　エヴリ・シンク
協力　小さな絵本美術館

冒頭ヴィジュアルページでカラー写真掲載の絵本・児童書・本
『アンネの童話　新装版』2017年　アンネ・フランク著　中川李枝子訳
酒井駒子絵　文春文庫
『ちびくろ・さんぼ』2005年　ヘレン・バンナーマン作　フランク・ドビアス絵
光吉夏弥訳　瑞雲舎
『いやいやえん』1962年　中川李枝子作　大村百合子絵　福音館書店
『たんたのたんけん』1971年　中川李枝子作　山脇百合子絵　学研
『ぐりとぐら』1967年　中川李枝子作　大村百合子絵　福音館書店
『そらいろのたね』1967年　中川李枝子文　大村百合子絵　福音館書店
『わたしとあそんで』1968年　マリー・ホール・エッツ文・絵　与田準一訳　福音館書店
『ちいさなねこ』1967年　石井桃子作　横内襄絵　福音館書店
『シング・ソング』1979年　クリスティナ・G・ロセッティ詩　アーサー・ヒューズ画
ほるぷ出版　…オズボーン・コレクション（復刻世界の絵本館）

ヴィジュアルページのイラスト（大村百合子）は、「こひつじノート」（キリスト教保育連盟）より。

＊本文中に出てくる児童書や絵本の訳者、また登場人物の名前などの表記については、著者が読んだ時代と現在では変更されている場合がありますが、本書では、著者が読んだ当時のママとしました。ご了承いただければ幸いです。

文春文庫編集部

子どもと絵本

1 初めの一歩

むすこが赤ん坊のころ、天井まである本棚の下の段には、それぞれ違ったサイズの厚くて大きい画集が並んでいました。そして端のほうに、その年、一九六〇年までに福音館書店から出版された絵本がおさまっていました。

赤ん坊は這《は》い這いができるようになると、まっさきに本棚に目をつけました。四つん這いになってちょっとお尻を上げ、全身これ喜びのかたまりといった格好で本棚に向っていくと、その前にでんとすわりこむのです。そして大真面目な顔で『こどものとも』やらピカソやレンブラントの画集を引っぱり出すのでした。

これは赤ん坊にとって大へんな力仕事で、顔を真赤にしてウンウンいいながらやっていました。やりとげたあと、ここちよい疲労と充実感が残ったのでしょう、満足の至りとなってよくたべよく寝てくれました。ついでながら、赤ん坊が初めて立ったのは本棚につかまってでした。つたい歩きをしたのも本棚の前です。家がせまいおかげとはいえ、むすこは生まれたときから本と鼻をつきあわせていたことになります。

私が子どもだったころも家じゅう本だらけで、大掃除だの引越しだのとなると本を動かしたり運んだりするのが私の役目で、しんどい重労働でした。それで赤ん坊のこの無償の行為が私にはたいへん立派に見えました。ともかく、むすこと絵本の出会いはこうやって、始まりました。

でも私も夫も特に赤ん坊に絵本を与えようと考えたことはありません。それより、赤ん坊には、目を見あわせ、語りかけるほうが嬉しいし大切と思っていました。それで、赤ん坊の本への関心はもっぱら運動エネルギーの発散にあるとし、本の引っぱり出しを存分にやらせておきました。

しかし、本は我が家にとって何にもまさる大切なもの、赤ん坊が本棚へ突進姿勢をとるや、一挙一動《いっきょいちどう》を油断なく見張り、本を手荒に扱おうものなら問答無用、さっと取りあげて高いところに移しました。そのたび、むすこはびっくりしていましたが、親たちのただならぬ気配で察したのか、本棚から出した本をふりまわしたり破くということは、決してやりませんでした。そのかわり、本棚とは別のところに、読み捨ての週刊誌類をたっぷり用意しておきました。こちらはビリビリ破ろうと、クシャクシャに丸めて放り投げようと、口に入れようと、自由でした。

生後十ヶ月になったむすこは、初めて特別お気に入りの一冊を見つけ出しました。本棚の二段目に差しこんであった、空色のツルツルした表紙の、B五判厚さ一センチほどの『世界愛唱歌集』です。

スイスの風景でしょうか、表紙いっぱいにぬけるような青空と澄みきった湖が広がっていて、赤ん坊の目をひいたに違いありません。引っぱり出しては、心ゆくまでいじりまわしていました。そのうちページをめくって楽譜に見入るようになりました。さもわかっているような顔でブツブツいいながら「オーソレミオ」や「サンタルチア」を読みふけるのです。五線譜のほかは、何もないのに大好きでした。

誕生日を目前に夏季熱で、日赤病院に入院したときも、私の揃《そろ》えた『こどものとも』は眼中になく、この愛唱歌集だけをしっかり抱えこんでいました。退院のころには遂に背表紙がすり切れてバラバラになり、それっきりとなりました。

そしていつのまにか、お気に入りは、バートンの『いたずらきかんしゃ ちゅうちゅう』（バートン文・絵／村岡花子訳／福音館書店）にかわっていました。むすこの好きな本がいったいどうやって交替したのか、父親にも母親にも思い出せません。

『いたずらきかんしゃ ちゅうちゅう』はまさに絵本ですから、むすこは読んでもらうのを最大の楽しみとしました。ほとんど毎日、母親のひざか父親のあぐらにおさまって、この大型の絵本を隅から隅まで丹念に見入り、指でなぞり、事のなりゆきに胸をおどらせていました。

この絵本は、世界傑作絵本シリーズの一冊です。小さな機関車のちゅうちゅうは、ある日、たったひとりで走ったらどんなに素敵だろうかと考え、客車も貨車も放って逃げ出します。町も野原も駅も信号も、はね橋も、おかまいなしに勝手に走っていろいろな事件を起こし、危機一髪というとき仲間に助けられ命びろいをします。

画面いっぱいに木炭で描かれたちゅうちゅうの世界は躍動感にあふれ、子どもたちをひきつけて離しません。むすこは三つになっても、汽車はすべてちゅうちゅうであり、車掌さんはアーチボールドだと思いこんでいました。

むすこが八ヶ月すぎると私は子連れで、しばらく休んでいた無認可の保育園というよりは、子だくさんの家庭のにぎやかな子ども部屋といったほうがふさわしい「みどり保育園」へ職場復帰しました。〇歳のむすこは、二歳から六歳までのお兄さんお姉さんたちに囲まれてペットにされたりオミソにされたりしながら園になじんでいきました。

何事につけてもわからずやの赤ん坊の出現は、他の子どもたちに優越感と自信を与え、小さい者への思いやりを育て、なかなか結構だったようです。

さて、みどり保育園では、ひとり残らず、絵本が大好きでした。

2 ひざの上の幸福感

保育園ではひるね前のひとときに、たとえどんな事件が起ころうと、かならず絵本の一冊は読むことになっていました。
これはいつのころからか子どもたちが勝手に名前をつけて決めた伝統ある「本の時間」で、みんなとても楽しみにしていました。大きい子はもちろん小さい子も、絵本を読んでもらわないかぎりひるねをしません。
そしてなぜか、みどり保育園の子どもたちはひるねが大きらいでした。大人になってからも、本を読んでもらうのは楽しかったけれど、ひるねはいやだったと言いあっています。ひるねをしないと身体がもたないぐらい午前中いっぱいよく遊んだのに。
この「本の時間」、お手伝いのおばさんも廊下を拭きながらのぞき見をしては、エプロンの端でこっそり涙を押えたり、笑い声をあげたりしていました。

「本の時間」は絵本だけではなく、物語や詩を読むこともあります。また、お話、なぞなぞ、わらべうた、手遊びも入るという、お楽しみいっぱいの時間だったのです。

私は大きい子たちのクラスを持っていましたが、「本の時間」は一日のなかでいちばん落ち着く、気持ちがおだやかになる貴重なひとときでした。絵本を読みながら子どもひとりひとりをしみじみと眺め、心の底から、ああ、何て良い子だろう、可愛いんだろうと感じ入り、ついさっきまで、この子たちに腹を立てたり叱ったりしていたことが恥ずかしくなって、そのぶんだけでもやさしくしなくては――と反省するのでした。

実際、子どもたちの「読んで！　お話して！　今日はなあに？　とっても面白いんでしょ！」と見つめられると天使に囲まれた気分になります。そのせいか今も絵本について考えると、絵本より何より、あの子どもたちの期待にみちた真剣な表情とわくわく感がよみがえります。これがつまるところ、絵本の楽しさであり素晴らしさではないでしょうか。

子どもたちが心を寄せあって仲よく絵本を見るとき、読み手の私も絵本の奥まで入って、いっしょにいろいろな体験をします。同じ釜の飯ならずとも同じ心の糧《かて》を分け合った同士には親しみが生まれ、友だち関係も深まりました。

幼い子たちがお家で最も喜ぶのは家族の団らんです。「本の時間」にはこの家族の団らんと同じあたたかさと安心とくつろぎがありました。

子どもが初めて絵本を読んでもらうのは、たいがい父親か母親のひざの上でしょう。そこは子どもにとって世界一居心地の良い場所です。すわっているだけで幸福なのですから、正直いって絵本は何だってかまわない、カタログでも雑誌のグラビアでも親子揃って「ワンワンがいる」「ニャアニャアがいる」「ブウブウだ」と眺めていればご当人は大満足です。でも、これでは目先の興味だけで何の発展もなく、飽きてしまいます。

このときもし『ちいさなねこ』（石井桃子文／横内襄《じょう》絵／福音館書店）があったら、その子はニャアニャアの物語に入っていくことができます。最初は絵本に猫だ犬だと自分の知っているものを見つけて喜んでいますが、くり返して見ているうちに、猫が何をしているのか、これからどうなるのか——と興味がふくらんできて、その子なりの絵本の楽しみかたをおぼえていくでしょう。

ですから、ひざの上の幸福感の次にくる良いもののことも合わせ、最初から飽きのこない、ほんものの絵本を用意しておきたいのです。

3 日々変化する関心

絵本は子どもにかぎらず大人にも魅力があります。そのせいでしょうか、赤ちゃんを持つお母さんや〇歳児保育にたずさわる保育士さんのなかには「絵本は楽しい、素晴らしい、何が何でも今すぐ与えなくては！」と意気ごむ人がいます。

ところが、子どもはさっぱりその気になってくれない。一行読むか読まないうちにページをめくってしまう。すぐ横取りする。読んでというくせに途中で逃げ出す。絵を指さしてはナアニ・ナアニと聞くばかりで物語には関心がない。自分勝手なおしゃべりで絵本の筋をめちゃめちゃにしてしまう。などなど、お母さんたちにすれば、これは本ぎらいの前兆ではないかと気がもめて、何とかしなくてはとあせってしまうようです。

この悩める人たちから、「どうしたら落ち着いて絵本を見る子になるでしょうか」といった質問をしばしば受けます。

すると私にはおむつをした赤ちゃんが哺乳びん片手に真面目くさって「読書」する姿が目に浮かびます。悩むには早すぎます。「では、何歳何ヶ月になったら絵本をちゃんと見るようになるのですか」とお母さんたちは知りたがります。が、これも答えられません、子どもはひとりひとり違うのですから。ぜひとも知りたかったら、記録をつけるなど、子どもを観察してためしてみるとよいでしょう。私は不精者なので、気がついたときには毎日絵本を読まされていた——それだけの記憶しかありません。

ただ、このような相談に答えられるのは、お母さんや園の先生が本当に絵本が好きなら、子どももきっと好きになるから心配しなくて大丈夫ということです。

それに、一行読んでページをめくるのも、横取りするのも、勝手なおしゃべりをするのも、その子にとっては面白くて楽しいからです。絵本がきらいどころか、気に入っているのです。一冊の半分も読まないで取っかえ引っかえ別の本を持ってきて、ここを読め、あそこを読めと強要するのも、いっぱしの読書気分でやっているのではないでしょうか。

それにお母さんや先生のところへ絵本を持っていけば、何かひと言いってもらえます。言葉をかけてもらうのが子どもには嬉しくてたまりません。表紙を読んでもらうだけでも満足します。

子どもたちは好奇心のかたまりで前進あるのみです。絵本への関心ぶりも日々変化しています。そしてやがては、お母さんや先生たちの望む通り、最初から最後まで落ち着いて見るようになるはずです。

ですから私たちは子どもに与えたい絵本を選んでいつも身近に用意しておき、チャンスがくるのを楽しみに待っていればよいのです。そのときに芽ばえた関心、意欲が上手に育てば、一生本の好きな人になるでしょう。押しつけは禁物です。

先日、私は一歳半の姪にせがまれ一時間近く絵本を読まされました。姪はおぼつかない足どりでお尻をふりふり隣室の本棚へいってはディック・ブルーナの絵本（石井桃子訳／福音館書店）を一冊ぬいてきてパッと開き、私につきつけます。私が一行も読むとパタンと閉じて、次の本を取りにいきます。

それをくり返したので私が読んだところは、

「あるひ　うさこちゃんが　いいました／
きょうは　ぴーんちゃんの　たんじょうび／
かわいい　ふたごの　おんなのこ／
まず　さかのうえから　そりすべり」

という具合になりました。

そうこうしていたら、姪が絵本を開きそこね、表紙の次の真白い捨て頁のところを出しました。思わず「あら、何もない」といいますと、姪はがぜん張り切ってしまい、あの本、この本と持ってきては捨て頁のところを開いて私に「あら、何もない」と言わせ続けました。

この子は兄や姉が母親に読んでもらうとき、かならず自分も一冊抱えて割り込み、みんなのヒンシュクをかっているのですが、それもあと少しの辛抱です。絵本が好きなことは確かなのですから、そのうち兄や姉といっしょに仲よく絵本をまるごと読んでもらえるようになるはずです。

4
面白いことはわかること

東京の世田谷にあったみどり保育園に、私は一九五五年から閉園する七二年までつとめました。そのあいだに美術家の中川宗《そう》弥《や》と結婚して保育園の近くに住み、むすこも生まれ、園を改築してからは園長先生一家と同じ屋根の下に住みました。通勤時間ゼロのおかげで保母業と作家業が両立できたと感謝しています。先生のご家族のお世話にもなりました。

みどり保育園は認可を取らない保育園でしたので設備、カリキュラム、運営方法など、形式にとらわれないで独創的でした。園長の天谷《あまや》保子《やすこ》先生はもともとが家庭の主婦で、保育園を開いた動機は子どもが好きでたまらないからです。

幼稚園ではなく保育園にしたのはひるねをさせるためでした。幼い子をあずかった以上、ひるねをさせなくては不安というのです。遊び疲れたまま帰したら足許がふらついて道中が危険である、道端で眠ってしまうかもしれない。全責任を持って子どもの命を守る立場にある先生は四六時中安全を考え、特に健康管理は完璧にゆきとどいていました。

さらに大人の都合を優先させないことが持論であり、何事も子どもの側に立って「イエス」か「ノー」かをはっきりさせました。そしていつも自分たちにできる最良の保育を考えていました。何をおいても、子どもたちが毎日、休まないで元気よく喜んでくる保育園でなくてはなりません！

「幼児は遊びながら育つ」という信念のもとに、どうやって子どもたちを上手に遊ばせるかが、毎日の課題でした。それにはまず、私たち大人が楽しくなくてはなりません。保育者にも子どもにも楽しい保育こそ、天谷先生の目標とするところでした（私がむすこをみどり保育園に入れたのは、母親としてこの方針が大へん気に入ったからです）。

園児六十名のささやかな保育園でしたが、保育士のほかに、音楽は、私の友だちで幼児の音感教育の専門家が器楽合奏を、絵画指導は美術家である私の夫が引き受けてくれました。これは、音楽と絵画は専門家にという天谷先生の方針にそってのことでした。ありがたいことに二人は保育の上でも大へん役に立つ助言をしてくれました。

入園は二歳か三歳からです。いずれにしても就学まで三年はあります。ゆっくり、のんびり手間ひまをかけて保育するのが、私たちの大きな楽しみでした。園児募集は特にしません。入園式もありません。二歳児でも三歳児でも、ひとり手がかからなくなると、次の入園希望児を迎え、その子が園の生活にとけこむまで気長にトレーニングします。

私たちは子どもとの初めての出会いを大切にしました。まさに生まれたばかりの赤ちゃんを扱うのにも似ていました。おっかなびっくり用心しながら、そっと近寄る。やさしく声をかけ、あやしてみる。相手が、にっこりしてくれたらしめたものですが、初対面から愛想のよい子なんてあまりいません。だって生まれて初めて母親から離れて他人のなかに入ってきたのです。緊張と不安で小さな胸は張り裂けんばかりでしょう。その不安が一日も早く消えてくれるのを念じながら、新しい子には特別目をかけます。そして笑顔で応じてくれるようになったときは本当にほっとしました。

また、先に入園した子どもたちも、新しい子への好奇心と思いやりから、大人顔負けの細やかさで、やさしくよく面倒を見てくれたものです。

子どもとのおつきあいは、名前を呼んで抱っこすることから始まりました。子どもを抱っこすれば自然に歌が出てくるし、とりとめのないおしゃべりも始まるし、絵本も開きたくなります。誰でも抱いた子を少しでも喜ばせたくていろいろやってみるのではないでしょうか。絵本も見せたくなるのです。そのときは、その子が間違いなく喜ぶ絵本――興味を持って面白がる絵本をえらびます。幼い子にとって面白いことはわかることですから、生活に身近なお話がおすすめです。その最たる絵本が『ちいさなねこ』です。素材の親近性、スリル、リズム、ユーモアなど、子どもの本が必要とする条件がすべて揃っています。

おすわりした子猫の前姿と後姿が表紙の表と裏になっているこの絵本、小さな子猫がお母さん猫の見ていないあいだに外にとび出していろいろな目にあうという物語です。子猫は車にひかれそうになったり、男の子につかまえられそうになったりしたあげく、犬に追いかけられて、あわや！　のところで木に登ります。そこへ、子猫の鳴き声を聞きつけたお母さん猫がやってきて犬を追い払い、子猫をくわえて無事家へ連れ帰り、お乳をのませます。「おおきな　へやで　ちいさな　ねこが　おかあさんの　おっぱいをのんでいる」で終わり。

入園したばかりの見るからに心細げな幼い子をひざにのせて、私は内心、どういう子どもだろう――と観察しながら『ちいさなねこ』を開いたものです。絵本を見るとき、子どもが何気なく口にする言葉、物語や絵への関心ぶり、反応などから、その子の性格や育ちかたをのぞき見ることができます。

ことに『ちいさなねこ』は母猫と子猫の話なので、子どもとお母さんの関係を推察するのにはぴったりでした。お母さんたちは十人十色《じゅうにんといろ》、しつけに厳しい人、甘い人、しっかり者、おっちょこちょい、神経質、のんびりや、とみな違います。保育者けお母さんと互いに理解しあい協力しあって子どもを育てていかなくてはなりません。日の前にいる子どもについて一つでもたくさん知ると同様、その子のお母さんについても、お父さんについても知る必要がありました。

さて、初めは先生と子どもと一対一でも、そこは好奇心の強い幼児集団、いつのまにかほかの子たちもやってきて二人を囲み、絵本をのぞきこみます。なにしろ『ちいさなねこ』はみんなの大好きな絵本なので何回でも読んでもらいたいのです。

すると新入園児はその雰囲気から、何とはなしに、いっしょに絵本を見る友だちに親しみを持つようになります。一冊の絵本を通して、先生、友だち、保育園にだんだんなじんでいきました。

こうして『ちいさなねこ』に一週間あるいは一ヶ月、子どもによって違いますが、たっぷり時間と愛情をかけてもらい、絵本の楽しさをおぼえれば、いつのまにか先生のひざを離れて、友だちのなかに入っていきます。そしてみんなといっしょにすわって絵本を見られるようになりました。この過程をふめば、二歳児三歳児でも、グループで絵本を見ることも、お話を聞くことも大好きになります。

四、五歳児で初めて絵本を見る場合、最初は抱っこして読み手のひざの上から単純明解な絵本でスタートし、心ゆくまで楽しみながらレパートリーを広げていくとよいでしょう。いきなり子どもをつかまえて、「ほら、面白いわよ」と与えても、十人が十人喜ぶとはいきません。

絵本を楽しむようになるまでには、誰もがそれなりのトレーニングを受けているのではないでしょうか。それは赤ちゃんのときから始まっていて、父親や母親の語りかけを土台に子どもが生活のなかで目にするもの、聞くもの、ふれるもの、すべてがかかわりあっているように思えてなりません。

（天谷保子さんは二〇一五年十月二日、逝去されました。享年九十）

5

すべては本当のこと

幼い子が自分の足で歩いて、見たり聞いたり触ったりできる範囲はごくかぎられています。でも心はどこまでも広がっていきます。想像力さえあれば、空を飛ぶことも海にもぐることもできるし、お姫様や魔法使いにもなれるし、象にだってなれます。

死ぬのも生き返るのも意のまま、ほんのちょっとしたきっかけが子どもの想像力をかきたてて、とてつもない空想の世界を生み出します。幼児の遊びっぷりを見ていると、現実から空想へすっと入っていき、心ゆくまで楽しんでいるのがよくわかります。

子どもは絵本を見るとき、身を乗り出してきます。まさに遊ぶときと同じ、絵本の世界に身も心も入っていく感じです。そうして、絵本の中で主人公と一体になってさまざまな体験をします。それは心の体験と呼ばれますが、現実ではとても味わえないことを想像で味わうのです。

たとえば、お母さん猫の見ていないあいだに外へ飛び出した『ちいさなねこ』の冒険を、子どもは子猫の身になって体験するでしょう。

さんざんこわい思いをしたあとで、お母さん猫のおっぱいをのむ子猫の全身にあふれた安堵感《あんどかん》は、そっくりそのまま、子どもの表情にもあらわれます。

海をまだ見たことのない子どもが、『チムとゆうかんなせんちょうさん』（アーディゾーニ文・絵／瀬田貞二訳／福音館書店）をくり返し読めば、潮の香をたっぷり吸い、身をもって船乗り稼業の喜びや苦しみを知りつくすでしょう。それも、こういう具合にです。

海岸の家に住むチム坊やは船乗りになりたくてたまりません。とうとう、憧《あこが》れの汽船に無賃乗船してしまいます。が、見つかって、ただ乗りのぶん働くことになり、大の男たちにこき使われます。でもチムは弱音を吐きません。ある夜、激しい暴風雨におそわれて船員たちは全員ボートで脱出しますが、小さいチムは忘れられ、船長と残って船と運命をともにすることになりました。そして沈没寸前、ふたりは救命ボートに助けられ、チムは無事お父さんとお母さんの待つ家に帰ったのでした。

アーディゾーニの描く海岸の光景は、チムならずとも船乗りに憧れて汽船に乗りたくなる魅力をただよわせています。でも念願はたして乗ってみれば辛《つら》いことが多く、悔恨《かいこん》の涙もこぼれるでしょう。しかし、めそめそしてはみたもののチムには海の男の誇りと勇気がありました。「この　せんちょうといっしょなら、うみのもくずと　なろうとも、かまわない」と覚悟をきめたのです。これだけの体験は、なかなかできるものではありません。

私でさえ、海を見るたびにチムを懐かしく思い出すのですから、『チムとゆうかんなせんちょうさん』に熱中した子どもたちは、この貴重な体験を心のどこかに持ち続けていくに違いありません。

汽車に乗ったことのない子どもでも『いたずらきかんしゃ　ちゅうちゅう』には数え切れないぐらい乗っています。そして、遠い道のりでへたばりかけると、チュウチュウ、シュッシュッと掛け声をかけ元気百倍、困難を切り抜けます。

子どもたちは畑仕事をしたことはなくても「おおきなかぶ」を土から引き抜く手ごたえは感じとっているでしょうし（『おおきなかぶ』ロシアの昔話／トルストイ再話／佐藤忠良絵／内田莉莎子訳／福音館書店）、冬が過ぎると、いちはやく「はなをくんくん」させて春を発見します（『はなをくんくん』クラウス文／シーモント絵／木島始訳／福音館書店）。狼やハリネズミに会ったことはないけれど『しずかなおはなし』（マルシャーク文／レーベデフ絵／内田莉莎子訳／福音館書店）で、狼の狼らしさ、ハリネズミのハリネズミらしさを身近におぼえるでしょう。

このように子どもは絵本へ一歩も二歩も踏みこんでいき、自分もそこにおさまってしまいます。ですから幼児にとって絵本がくり広げる世界は生きていて、現実そのものとして受けとめられるのだと思います。

その体験はそれっきりにならないで、きっと、子どもの生活に顔を出してきます。それも、遊びに生かされることがいちばん多いようです。何しろ子どもがその気になれば、世界はどのようにでも変わるのですから、何事も想像力次第です。

公園のすみっこが荒れ狂う海にもなれば、砂場のトンネルからちゅうちゅうがあらわれるし、タオルでくるんだ枕が大きなかぶになって、五人がかりでやっと抜け、毛布をかぶって息をひそめると、ハリネズミの小さな足音が、「とぷ　とぷ　とぷ」と聞こえる、といったように、いつでも、どこでも、子どもたちは何かしら面白いことを考え出しては楽しんでいます。

雨の続くうっとうしい日、子どもたちもうんざり気味で身を持て余《あま》していたときでした。つみ木がカタンと音をたてたのがきっかけで、たちまち活気づいたことがありました。『三びきのやぎのがらがらどん』（ノルウェーの昔話／ブラウン絵／瀬田貞二訳／福音館書店）が始まりました。

子どもたちはまず、箱つみ木をどんどんつなげていって部屋をぐるりとひと回りさせました。谷川にかかった橋です。山羊のがらがらどんたちが山の草場でふとろうと、山へのぼっていく途中の橋なのですが、それにしては何て長い長い橋だったでしょう。

前にも、橋を作って、クワイ河マーチを歌いながら行進する遊びがはやったことがあります。映画『戦場にかける橋』を見た子が始めたのです。子どもは橋に大へん興味を持つようです。

ともかく、橋が完成すると、がらがらどんたちは一列になって爪先立ちで、「カタコト　カタ　コト」と渡りだしました。みんないちばん小さい山羊のがらがらどんです。いつのまにか橋のたもとにトロルが数人あらわれて「こんなチビには用がない」なんていっています。

小さい山羊のがらがらどんたちは橋をひと回りすると、今度は中位の山羊のがらがらどんになって、「ガタ　ゴト　ガタ　ゴト」と渡っていきました。トロルけ相変わらず知らん顔です。

そして三周め、みんなは大きい山羊のがらがらどんになって足を踏みならし、「ガタン　ゴトン　ガタン　ゴトン」と渡り始めました。

いよいよ、トロルの出番です。「だれだあ、おれのはしを　がたびしさせるやつはあ」場面は一転、大乱闘となって組んずほぐれつ、トロルもがらがらどんもあったものじゃありません。そのうち、本気になって怒りだす子や泣きわめく子が出てきたので、ころあいをはかって私が、「チョキン　パチン　ストン　はなしは　どんとはらい」と引き分けました。

この本では「はなしは　おしまい」になっていますが、以前、瀬田貞二さんが、『こどものとも』38号（池田龍雄絵）で訳されたときは、「はなしは　どんとはらい」だったとおぼえています。私は子ども同士の迷宮入りの争いに決着をつけるにはいつもおまじないとして「チョキン　パチン　ストン　はなしはこれで　どんとはらい」とやりました。するとたちまち敵意は消え去り、さっき泣いたカラスも笑いだすのでした。

6

遊びの共通体験を

保育園で子どもたちと生活して、保母学院で叩きこまれた「幼児は遊びながら育つ」という教えを改めて確認しました。遊びは子どもの特権で、子どもが子どもであることのしるしです。誰の指し図も受けないで自発的に主導権をにぎり、すべて思い通りに運んでいく、子どもひとりひとりが正々堂々と自己主張をする世界なのです。

保育士になりたてのころ、私は子どもたちの自由奔放で精力的な遊びに目を瞠《みは》りました。発想が日常的でありながら新鮮なこと、展開の巧《たく》みなことに完全に魅了されました。

当時、みどり保育園の周囲は草ぼうぼうの野原で、建物や設備はお粗末でも自然が豊かで保育に不自由はしませんでした。カリキュラムなんぞ立てなくても、毎日、空をあおぎ、まわりの草や木、鳥や虫の様子を見て、やりたいことをやっていれば十二ヶ月が保育の規定通りに進行しました（幼児教育のカリキュラムというものは季節にそって立てられています）。

その後、野原が東京オリンピックの競技場になるため保育園は住宅地に引越し、建物と設備はととのったものの、不自由のほうがふえました。それこそ、カリキュラムを立て、遊び場の確保に骨を折りました。

私が保育にいちばんほしいのは「自然」です。夏の暑さも冬の寒さも子どもには必要です。それを乗り切る遊びが生まれます。大人が眉をひそめる大雪、大雨、嵐、雨もり、生いしげる雑草、カビも子どもたちには胸おどる遊びのタネでした。

さて、子どもの遊びぶりを見ていると、それぞれです。私を脱帽させるような名人もいれば、想像力も創造力もお粗末で時流に乗るのだけ、テレビの真似をする以外は、能のない子もいます。この違いは生活環境によるのでしょう。せっかく持って生まれた想像力も、育てかた次第で豊かにもなれば貧しくもなります。子どものまわりの大人たちの責任です。

幼児の遊びは成長するための大切な栄養のもとですから、質が問題になります。創意工夫のある、頭とからだと心を使うバランスのとれた遊び、いうなれば幼児教育の四つの柱とする、身体的発育、社会性、知的発達、情緒性を満足させる遊びであってほしいと思います。

子どもたちは、ありとあらゆる体験をヒントにして遊びます。心の体験ももちろんです。

保育園で毎日いっしょに絵本を見ている子どもたちは共通の体験をどっさり持っているので、遊びのタネはいくらでもありました。

誰かがひと言「ぼく　ジョージ」といえば、並いる子どもたちの顔がパッと輝き、いつとはなしに、黄色い帽子のおじさん、動物園の飼育係、エレベーターのお兄さん、コックさん、かんごふさんなどの面々が勢揃いします。役どころはいくらでもあるので、仲間に入りたければ誰でも入れます。ひとり三役だってかまいません。そして、たとえ結末がどうなっても、子どもたちは大好きな『ひとまねこざる』（レイ文・絵／光吉夏弥訳／岩波書店）の世界で愉快なひとときを過ごしたのです。

もりのおばあさんごっこもよくやっていました。『もりのおばあさん』（ロフティング文／横山隆一絵／光吉夏弥訳／岩波書店）は、こういう物語です。

田舎の小さな町に住むタップスおばあさんは、大へんな年寄りで、犬とブタとアヒルを相手にほそぼそと暮らしています。そこへ家の持ち主であるロンドンに住む甥《おい》が、家を明け渡せといってきたものですから、おばあさんは仕方なく森へいって野宿します。犬のパンク、ブタのピンク、アヒルのポンクは、おばあさんの世話にてんてこまい、おばあさんときたら泣きべそをかくばかりで何もできやしないのです。ハッピー・エンドになるものの、おばあさんごっこの楽しみは、動物たちがおばあさんの世話をやくところにありました。おばあさんは聞きわけがなく、赤ん坊みたいにだだをこねる。動物は、おばあさんをやさしく寝かせたり食べさせたり甲斐甲斐《かいがい》しく面倒をみる。両方とも、子どもの大好きな役どころでした。憎まれ役の甥「あかなすやろう」も人気がありました。

好きな絵本は何回もくり返して読んでいるので、いつのまにか絵も文も子どもたちの頭にしっかり入っています。劇遊びには持ってこいです。『ちびくろ・さんぼ』（バンナーマン文／ドビアス絵／光吉夏弥訳／瑞雲舎）、『てぶくろ』（ウクライナ民話／ラチョフ絵／内田莉莎子訳／福音館書店）、『おおかみと七ひきのこやぎ』（グリム童話／ホフマン絵／瀬田貞二訳／福音館書店）、『ぐりとぐら』（中川李枝子文／大村百合子絵／福音館書店）などはお手のものでした。

劇遊びの特徴は、誰でも参加できる、誰でもなりたい役、全員が主役になることです。ちびくろ・さんぼが三人いても、トラが五匹いてもかまいません。三人でひとり、五匹で四匹、あるいは四匹で七匹ぶんともなります。

それから、特にストーリーに忠実である必要はなく、その日そのときの顔ぶれ、気分次第で脱線も改作も自由でした。衣装や舞台装置はなくても平気、何でも「あるつもり」でまにあいます。でも作りたければ、作るのもよし。紙、ハサミ、のり、クレヨンなど材料に不自由はしません。お面も上手に作っていました。というのも出演者ひとりひとりの頭に、すべての画面がはっきりとうつっているからです。

雪の上に落ちていたミトン型のてぶくろにネズミが住んで、カエルが住んでウサギが住んで、キツネ、オオカミ、イノシシ、クマまで住むことになるお話は毛布一枚で遊んでいました。

「どなた、てぶくろに　すんでいるのは？」
「くいしんぼねずみと　ぴょんぴょんがえるとはやあしうさぎ。あなたは？」
「おしゃれぎつねよ。わたしもいれて」
「どうぞ」

とやっては、ひとりずつ毛布にもぐりこむのです。

みんな、動物たちのせりふをいうのが面白くてたまらないようでしたが、特に、

「まあ　いいでしょう」

「ちょっと　むりじゃないですか」

「それじゃ　どうぞ」

「とんでもない。まんいんです」


がお得意で、ここにくると声をはりあげていました。てぶくろごっこは毛布がなくても、机の下にもぐりこんだり、砂場のすみに身を寄せあったり、わざわざせまいところで押しくらまんじゅうをしながらやっていました。幼い子たちはくっつきあうのが本当に好きです。

絵本をいっしょに読むことで友だち同士、親と子、きょうだいが楽しみを共にできるのはなんというしあわせでしょう。

母と子の絵本の時間

1 想像する楽しみ

絵本は読書の入り口といわれます。私がその入り口に立ったのはいつだったのか、誰に、どのようにしてきっかけを作ってもらったのか、そのとき、どう感じたのか、残念ながらおぼえていません。でも私は確かに本の好きな子どもになりました。たぶん入り口がよかったからでしょう。

私の子どものころの夢といったら、ラプンツェルみたいに森の奥の塔に閉じこめられ、毎日魔女に本と食事を運ばせ、読書三昧《ざんまい》の暮らしをすることでした。もし王子様がやってきたとしても、動かなかったと思います。

家では子どもたち——女の子四人、男の子ひとり、私は次女——が揃いも揃って本が大好きすぎて、両親にはいささか頭痛のタネでした。でも父も母も読書家で、家のあっちにもこっちにも本がありました。それなのに父と母は、背中を丸めて読みふける子どもたちに何のかのと口実をつけては戸外遊びをするように追い出し、家の手伝いにかりたて、あの手この手で読書時間を削り取ろうとしました。

妹など近視になりかけたので強制的に日課として自転車で、家のまわりを何周かするよう義務づけられていました。

私には三つ年上の姉がいるので、絵本はほとんどお下《さが》りでした。絵本はつみ木やままごと、木馬といったおもちゃと同じく何となく私のものになり、いつのまにか弟や妹のものになっていきました。どんなに気に入ったとしても、いずれは下に譲り渡さなくてはなりません。が、そうこうするうち戦争が激しくなり、疎開《そかい》の際におもちゃ類は処分されました。おかげで幼児期の思い出をとどめるものをほとんど持っていません。でも執着《しゅうちゃく》しませんでした。物心ついて以来私の目標は姉と同格になることでした。腰巾着《こしぎんちゃく》とうるさがられ、疎《うと》まれながらも、何とかして姉と肩を並べようと背のびしていました。

そのせいか、学校に上がる前に読むことも書くこともできました。誰にも教わらない自己流で、だ、と、ら、で、と、れ、ど、と、ろを取り違えて発音していたので書く文もおかしかったようです。でも大真面目で祖父や祖母にせっせと手紙を書いていました。そして最後にいつも「れは　さようなら」と書いて、笑われるのが不思議でなりませんでした。

今、幼い読者からこの類《たぐい》の手紙をよくもらいますが、お母さんの注釈なしでも私にはちゃんと読めます。

記憶によれば、私はひとりで絵本を眺め、字を読んでいました。漢字にルビがふってあったので、北原白秋《きたはらはくしゅう》、野口雨情《のぐちうじょう》、西条八十《さいじょうやそ》、の名も知っていました。そしてどの名前よりもパッと目に入るのは片仮名の、サトウハチローでした。画家の名も何人かおぼえて絵を見ただけで描いた人を当てることができました。特に好きなのは、川島はるよでした。

何十年も昔の、戦時色が濃くなりつつある時代の絵本です。見開きのページにおさまるイソップやグリム童話、白秋、雨情、サトウハチローの詩があり、最後に挨拶の仕方・乗り物でのマナー、遠足の注意といった生活指導のページがつきます。どの絵本も、といって何十冊もあったわけではありませんが、内容は似たり寄ったりでした。それでも面白くて同じ本を何度もくり返して見ました。好奇心はいくらだって出てきます。成長盛りにある子どもの物の見かた、感じかたは日々変化していくので、昨日と何一つかわりばえしないような環境にいても、何かしら発見して夢中になれるのです。

私は見なれた絵本の、絵の裏側を飽きずに想像しました。現実には見えないけれど、絵に含まれている部分といいましょうか。森に家があれば、扉や窓を開けてみる、というより開けてみないではいられないのです。『3びきのくま』(トルストイ文/バスネツォフ絵／小笠原豊樹訳／福音館書店）の家に入りこむ女の子は私にとって他人事《ひとごと》ではなく、私も森にいったらまったく同じことをやりそうでこの絵本は今もスリル満点です。

絵に子どもがいれば、その子が生きた人間になって動き、しゃべるのを想像しました。ですから、絵はきちんと描けていないと困ります。お子様向けのつもりなのか頭でっかちにゆがめられたり、にぎやかに色づけされたり、ぼかされたりすると、想像できなくてつまりません。ちゃんとした絵が好きでした。幼い子どもはみなそうだと思います。

子どもたちは、『もりのなか』（エッツ文・絵／間崎ルリ子訳／福音館書店）、『ちいさいおうち』（バートン文・絵／石井桃子訳／岩波書店）、『おだんごぱん』（ロシア民話／脇田和絵／瀬田貞二訳／福音館書店）、『ありこのおつかい』（石井桃子文／中川宗弥絵／福音館書店）、『かばくん』（岸田衿子文／中谷千代子絵／福音館書店）といった絵本が大好きです。

私にはこわい絵本もありました。トランプのクラブのクィーンを持つ女の子が、薄笑いを浮かべるキングやジャックのカードに囲まれていて、なぜかクィーンと女の子の目元にほくろがあります。詩サトウハチロー「トランプ」、絵は武井武雄でした。

ママにもらった
トランプの
ダイヤの六は

折れました

だれのおいたか
スペードの
ジャックはあごひげ
つけてます

クラブのクインは
さみしそう
ママとおんなじ
なきぼくろ

とんがり靴の
ジョッカーは
自転車でどこかへ
行きました

（『コドモノクニ』大正十五年八月号）

大きくなって『不思議の国のアリス』を読んだとき、このトランプの不気味な表情を思い出しました。

　幼稚園にいくようになって毎月もらう、『キンダーブック』に、あらいぐまと女の子の物語がありました。ストーリーは不確かですが、あらいぐまが夜行性で、何でも洗って食べるのをおぼえています。猫ぐらいしか知らない私にとって、あらいぐまは実に驚嘆すべき動物でした。作者は誰だったのでしょう。『キンダーブック』の編集部へ「いつもいつも、お話の絵本を作ってください」とおねがいしたいと思いました。

『こどものとも』2号『セロひきのゴーシュ』（宮沢賢治原作／佐藤義美案／茂田井武絵／福音館書店）を手にしたとき、一冊まるごと物語だったあらいぐまの絵本のことを思い出し、こういう月刊絵本なら楽しみと胸をおどらせました。

2

優等生にはならないで

最近とみに絵本への関心が高まり、サークルを作って絵本研究をするお母さんたちがふえています。まるで生まれて初めて良い本に出会った、絵本こそ子育てには不可欠、絵本さえあれば子どもは立派に育つと信じて疑わない感激屋のお母さんもいるようです。

その熱中の度合いはともかく、誰もが、子どもに良い絵本をと願っているのは確かでしょう。私もです。

絵本だけでなく、愛する子どもたちには、この世にあるいちばん良いものを与えたいと願います。先に生まれた者のせめてもの「してやれること」として、お話、歌、音楽、おもちゃ、遊具、衣服も食べ物も、精いっぱい最良のものをえらぶよう、心がけてきました。

絵本は、もっぱら子どもといっしょに楽しみます。おとなでも子どもでも一度楽しい味を覚えれば、もっとと欲が出て、だんだんと「良い絵本」というものがわかってくるのではないでしょうか。良い絵本、それは自分の好きな絵本と思えばいいのです。

読書の喜びは精神の自由あってのもの、強制されたりお節介を受けたりして得るものではありません。幼い子だって絵本を見たいから見る、読んでもらいたいから読んでもらうのであって、読書はあくまで個人的な楽しみ、本の好みもそれぞれです。我が子の気に入りの絵本が、よその子どもたちの気に入りの絵本と違ってもおかしくありません。

幼稚園、保育園、図書館は公共の場ですから絵本の購入には専門家の厳しい選択基準があって当たり前ですが、家庭ではお気に召すまま、楽しくえらべば結構、家族の好みにあった、その家らしい絵本が揃っていくでしょう。

私はよその家にいくと、真先に書棚が目に入り興味しんしんでのぞきます。並べられた本の背に家庭の雰囲気、家族の人柄、個性が見えるのです。そしてそこに私の愛読する本があると嬉しくなります。

絵本の研究に熱心なお母さんのなかには、きわめて冷静に絵本は幼児教育に役立つもののときめ、絵本は与えなくてはならない、一語一句正確に読んでやらなくてはならない、たとえ子どもがそっぽを向いても騒いでも、決してヒステリーを起こさないで最後までおだやかに読み通すべきである――とひたすら忍の一字で励んでいる人がいるようです。

かたく考えないで、もっときらくに扱ってください。何をえらび、どう読もうとお母さんの自由です。その日そのときのお母さんの気分と子どもの気分にあわせて楽しめたらよいので、たとえ、時間の節約に猛スピードで読みとばしても、また、睡魔と戦いながらアクビ入りで読んでも、子どもは事情を察してくれるでしょう。親子のあいだには愛情と信頼のきずながあるのですから、少々おかしな読みかたになったとしても、教育上悪いようにはなりっこありません。

私の幼いころを思い出してみると、絵本と私は一対一の関係で記憶されています。遊びにあきてひと休みしたいとき、空腹で淋しくて身の置きどころのない夕暮れどきなど絵本を引っぱり出しました。現実からの逃避といえば大げさですが、絵本によって空腹や淋しさを忘れました。ひとりになりたいから絵本を開くこともありました。

ふっと、ひとりになりたくなるのはおとなだけではありません。子どもだってときにはひとりになって、自分の存在を確かめてみたくなるのではないでしょうか。幼い子は、カーテンのかげ、部屋のすみ、テーブルや椅子の下にもぐりこむのが好きです。集団遊びをしていても、うまい隠れ場所を見つけて、ちょっとひとりぼっちになります。発散しつくしたエネルギーを充電し、次なるアイデアを生み出すようでした。

子どものころ私にとって絵本は隠れ場所に似ていました。絵本を開くと現実とはまったく別の世界があらわれ、自分の心が生き生きと動きだすのがわかりました。絵本を父や母に読んでもらったことはあるはずですし、姉弟と肩を寄せて見たこともあったでしょう。でも記憶に残っているのは我ひとり、我が道をいく——です。

かつて私は保育園で、家庭で、毎日毎日子どもたちと本を読みました。本当に楽しいことでした。どの子もみな、私が絵本を持つと目を輝かせて集まってきました。そして今、立派な若者に成長した彼らは、あれこれ好きだった絵本の名をあげて懐かしがりはするものの、読んでもらったとは思ってもいないような口ぶりです。絵本が抱っこから始まったことなど、きれいさっぱり忘れ、絵本そのものの楽しさだけ、おぼえています。絵本の印象が強いほど絵本そのものの世界が心に深く止《とど》まっているのにちがいありません。

子どもに話をするとき、大げさな身ぶり手ぶりを加えると語り手の印象が強烈すぎ、肝心のお話がぼやけます。絵本も、与え手のお母さんが情操教育だ、人間教育だと効果や感動の先取りばかり期待すると、絵本の楽しさ、面白さが弱くなります。ひょっとすると、何も残らないかもしれません。

絵本に熱中するのはいいけれども、勉強一点張りの優等生にはならないでと、お母さんがたにお願いしたいのです。

3

茶目っ気とユーモア

何年も前のこと、冬の一日、大学のキャンパスにある小さな幼稚園を訪ねました。その大学は東京の郊外にあり、敷地の一部をゴルフ場にして財源に当てるほど広くて樹木が多く、門を入ってから幼稚園までの道は出会う人もなく、森に入っていくようでした。

園児は大学の職員の子どもと近辺の子どもたちで、大学の門から幼稚園まで三輪車で通っていました。お母さんたちは、この子どもは雨にも負けず、風にも負けず、雪にも負けずですと誇らしげでした。悪天候の日の三輪車通園はかなりきついけれど、弱音を吐く子はいないそうです。

園舎は質素な木造平屋で、夏は涼しいけれど冬はすきま風だらけです。でも、このほうが子どもの健康には大へんよいと、銀髪の美しい園長先生は、ご自分の荒れた手をなでながらニコニコしていました。

その日、子どもたちは冷たい風の吹く庭で元気いっぱい飛びまわっていて、どの子も、あまりきれいさっぱりしていないのが印象的でした。はなみずをたらした子、頬や耳がシモヤケで赤くなった子、くつ下はずり落ち、ズボンも上着も泥だらけ、髪はクシャクシャ、まさに遊びほうけている姿です。

私はお母さんたちに、子どもの本について話をしにいったのですが、子どもたちのこのいきいきとした様子を見て、何て恵まれている幼稚園だろうと感嘆するばかりでした。子どもたちは遊びながら育つという当り前のことが当り前通りになりにくくなったこのごろ、泥まみれになって遊べるとは贅沢この上ありません。おかげで私は豊かな気分で、気持ちよく話をすることができました。

そのあとで、お母さんたちの質問がありました。見るからに物静かで几帳面そうなお母さんが、こんなことをいいました。「五つの男の子ですが、図鑑に夢中でお話や絵本には興味を示しません。先日も『ぼく、おとなりの猫が手紙を書くところなんか見たことないよ』というのです。こういう子はどうしたらいいでしょうか」

私が『こどものとも』で、猫が手紙を書く『おてがみ』（中川宗弥絵／福音館書店）という絵本を出したのが、こういう質問になったのでしょう。

図鑑好きの男の子のおとなりの家には猫がいて、男の子はその猫を追跡調査した結果、「猫が手紙を書くはずはない」と主張したそうです。その子は前にも「猫が洋服を着て長ぐつをはくわけがない」とお母さんを困らせたとのこと。ちなみに、二つ年上のお姉さんは、お話が大好きで、いつもお母さんに読んでもらっていました。

月世界にロケットがいく昨今、幼い子でも月の表面が実際にはどんな状態なのか知っています。でも、月にうさぎがいることも心得ていて十五夜には喜び勇んでお団子を供えます。もし私が子どもに「月にうさぎなんていないんだから、お月見はやめた」といったとしたら、「そんなこといっちゃだめ。お話ではいるんだよ。知らないの？」と叱られるでしょう。

子どもたちは、女の子が七人の兄さんをさがしに太陽から月へテクテク歩いていく話にかたずをのみます。ひよこの兄弟がススだらけのお日様の顔を洗う話にも大喜びします。

動物園でほんものの動物を見ている子でも、三匹の熊が洋服を着て家に住み、テーブルでおかゆを食べる話、手袋に蛙やねずみや、うさぎ、きつねが次々ともぐりこむ話、子山羊が狼にのみこまれてお母さんに助けてもらう話などなど、大好きです。

こういうお話は子どもばかりでなく、大人だって好きです。面白いではありませんか。私たちには空想する力、想像する力があるので、動物が人間のように話したり考えたり、ふるまったりすることを、ちゃんと受け入れます。

賢明な子どもほど想像することを楽しむといわれます。となると、図鑑好きのこの男の子は賢明でないことになるのでしょうか。まさか！　と私は思いました。そこでお母さんに「私だったら澄まして『あら、おとなりの猫が手紙を書いているところ、お母さんは見たわよ。あなたは見なかったの？』といいますけれど」と答えました。

そうすればきっと、「ふん、ぼくだって見たよ」とその子はいい返すでしょう。わざと理屈っぽいことをいって生真面目な母親をからかったのだと思います。優等生のお姉さんへの反発もありそうです。これも反抗期の一つのあらわれで、母親に無理難題をふっかけ、まごつかせてみただけのことではないでしょうか。この幼稚園の子なら、想像することを楽しむ賢明さは持っているはずです。

帰りぎわ、図鑑好きの男の子がお母さんと手をつないでいましたが、見るからにきかん気の強い利口そうな、一筋なわではいかない腕白坊主といった感じでした。

幼児とのつきあいにはユーモアのセンスが必要です。子どもには持って生まれたとしか考えられないような茶目っ気とユーモアのセンスがそなわっています。大人も負けてはいられません。

これは保育園での経験です。年長組のミッちゃんと年少組のサッちゃんは家が向いあわせなので、園の行き帰りはいつもいっしょでした。ところが姉さんぶりたいミッちゃんと、独立独歩を好むサッちゃんはことごとく気があわなくて、道中けんかのしどおしらしいのです。保育園を出るときは仲よく手をつないでいるのに、角を曲がったとたん、サッちゃんはミッちゃんの手をふり払い、ミッちゃんは怒ってサッちゃんをののしる、というのが毎度、けんかの始まりでした。

ある日、目撃者の注進で確証をつかんだ私は、翌朝ふたりがくるのを待ちかまえていて、「昨日帰るとき、道でけんかしたでしょう。保育園の窓から、ちゃんと見えましたからね」といってやりました。するとミッちゃんは、きっとなって私をにらみ返し「わたしだって、先生のこと見えてたからね」といったものです。私はひるまず、「そう。じゃ今日も見ていますからね。もし、けんかをしたら、つかまえにいくから」といったものの、一本とられた！　とおかしくてなりませんでした。自分が森の一軒家に住んで窓からえものをさがす赤い目の鬼ババになったような気がしました。ふたりの女の子はヘンゼルとグレーテルといったところでしょうか。

幼い子どもと向きあうとき、杓子定規《しゃくしじょうぎ》な見かたではとてもまとまりません。子どもの心があまりに自由でやわらかいため、こちらの頭がおかしくなるでしょう。それだけに、お母さんたちはゆとりを持って子どもとつきあうことが大切と思います。そこから自然にユーモアが生まれるのではないでしょうか。

絵本が楽しいのは、このユーモアのセンスが働いてこそと思います。

4　親と子が好きなものを

みどり保育園では「母の会」と名付けてお母さんたちに出席してもらう集まりが三ヶ月に一度の割でありました。夜七時半からで、子どもは家でお父さんと留守番をするきまりになっていました。

小さい子を持つ母親は忙しいのが当たり前です。それに、ほとんどの人が仕事を持っています。その無理を承知で集まってもらう母の会は、貴重なひとときでした。ありがたいことに出席率はいつも上々で、しかもたいていのお母さんは定刻より少し早目にきてくれるのです。そして、保育園での子どもの生活ぶりをくわしく知るのはこのときとばかり、園の中をすみからすみまで見てまわります。

くつ箱、うわばき、帽子かけ、カバンの棚、机、いす、道具箱、画帳、製作帳、クレヨンの減り具合から子どもが大切にしまっているガラクタやおもちゃ、トイレ、水のみ場と、我が子の痕跡《こんせき》を追う真剣な様子は警察犬が犯人の匂《にお》いをかぎだしていくのにも似ていました。

私たちはお母さんに子どもたちの普段の姿を見てもらいたいので、母の会だからといって特別なことはしませんでした。そのほうが、クレヨン箱一つにも子どもひとりひとりの性格がにじみ出て、お母さんたちを面白がらせました。

道具箱の中味にしても、始末の悪いだらしない子は、お母さんたちから子どもらしくて可愛いわねえとほめられるし、整理整頓の上手な子はしっかりしていると羨《うらや》ましがられるし、結局どの子も大へん良い子になるのでした。

お母さんたちにすれば、園の様子を実際に見ておかないことには、子どもがせっかく保育園の話をしてくれても、何が何やらわからなくて戸惑います。子どもたちの持ち物をいろいろ見ながら、いつも聞かされるお友だちの名前を確かめていました。

こうしてお母さんたちはあちこち見てまわるうち、「なあんだ、このことだったのか」と納得したり、勘違いに気がついたりするのでした。また、お互いの情報交換で、大人の理解の及ばない幼児の世界のあれこれを推測しあい、日頃の疑問点を晴らしたり、子どもからまた聞きのトラブルの真相を知ったりします。そして、子どもの話って、まったく当てにならないと笑ったり呆れ返ったりしました。

幼い子は、願望と想像がいっしょになって、とんでもないことをいい出します。たとえば、「先生が私に、毎日違う服を着てきなさいといったから、お母さん、洋服をたくさん作ってね」といった子がいました。かと思うと「新しいズボンをはいていくと先生に叱られる」といった子もいました。いちいち真《ま》に受けていたら、お母さんはノイローゼになるでしょう。

母の会では子どものことを中心に話題に事欠きませんでした。まさに、笑いと涙が渦を巻くといった雰囲気です。何はともあれ、自分の子について、また我が子のお友だちについても一所懸命知ろうとするお母さんは愛情深く謙虚でえらい人だと思います。それが結局は母親の子どもを見る目に幅を持たせることになるし、母と子のあいだには、いつも新鮮な空気が流れているような気がします。

我が子はこういうタイプであると、性格から体質、嗜好《しこう》までいっさいをきめつけてしまうお母さんもいますが、賛成できません。母親はいつも子どものかくれている部分を発見するよう心がけてほしいと思います。そこに子育ての面白さ、感動、張り合いがあるのではないでしょうか。

さて、母の会に早目にきたお母さんたちが最後にいきつくのは、絵本の並ぶ本棚でした。はじめは何気なく背表紙を眺めていて、それから一冊ずつ手にとっていくうち「あの子がいつも話す絵本は、これらしい」とお母さんの表情は楽しそうになってきます。

「あっ、これこれ!」と声をあげるお母さんもいます。

「先生、うちの子は今、どの絵本が好きなんですか」と聞いて、そのお気に入りに見入る人もいます。

「へえ、うちの子が、もうこんな立派な本を見るんですか。家じゃ、まるで赤ん坊なのに」とびっくりする人もいます。

「家では毎日、くまだっこなんですよ。あら、『おかあさん　だいすき』って、これも本なんですか」

「ふるやのもりって、いったい何かと思ったら、へえ、これなのねえ」

「スパゲティを食べるたび、おさるのジョージの話になるんです」

「それ、ホウレン草のきらいな子が出てくるでしょ」

絵本を前に、お母さんたちから次々と子どもの話が出て、みなすっかり楽しくなるのでした。

子どもたちは家に帰っても、おりにふれて、絵本で出会ったシーンを思い出しては話すのでしょう。ところが、その絵本を知らない人には何のことかわかりません。楽しいはずの母子の対話も一方通行になります。そこでお母さんも絵本に興味を持つ――それがきっかけで、お母さんも、そしてお父さんも、いつのまにか子どもといっしょに絵本を楽しむようになっていきました。

母の会に出席したお母さんたちは、こうしてできるだけ沢山の、我が子に関する知識と情報を仕入れて家に持ち帰るのでした。子どものほうも、それを期待して待っていたに違いありません。お母さんが物知りになってくれれば、それだけ母子の対話は活発になります。お留守番のしがいはあったでしょう。保育園につとめていたころをふり返るたび、母の会でのお母さんたちを懐かしく思い出します。

自分の好きな絵本をお母さんも好きになるというのは、子どもにとって大へんな喜びです。自分を認めてもらったと自信を持ちます。反対に、お母さんの反応がゼロだと、子どもは落胆して淋しい思いをするでしょう。

それは絵本だけではありません。テレビ番組でもおもちゃでも、人、動物、乗り物、すべてに関して、子どもは自分の好みが父親や母親と一致すると喜びます。子どもはきげんのよいとき、よくまわりの人々の顔を見まわします。そしてみんなが自分と同じに笑っていれば、それがまた嬉しくて、ますます笑いがこみあげてきます。

しかし、だからといって、お父さんやお母さんに子どもの喜ぶものなら何でもともに喜んでやってほしいというのではありません。父親も母親も子どもに対し責任を持ってはっきりと、自分の好き・きらいを示すべきと思います。

子どもたちを引きつけるテレビ、コマーシャル、マンガ、おもちゃ等に対する両親の快・不快の態度は、子どもに大きな影響を与えるでしょう。幼児期のうちなら、親子で好きになれるものだけをえらんで生活にとり入れていくことができます。この時期こそ、親直伝《じきでん》の良いものを見る目、良い感覚を育てることが可能なのではないでしょうか。

5

母性感覚に自信を持って

幼い子のための文学では素材の親近性ということが大切にされます。子どもにわかる話でなければなりません。すぐれた作品であっても、その子の生活とかけ離れていては理解できなくて、興味を示さないでしょう。話は、わかってこそ面白いのです。

それで私は、年齢の低い子どもには、ごく身近なものを材料にお話をしてやります。それがたとえ出まかせのでたらめ話でも、子どもが喜んで「もっと、もっと」とせがめば、こちらも興がのってきて話は発展していきます。そして回数を重ねていくうちに材料の範囲も少しずつ広がって、やがては見知らぬ世界の話にも入っていかれるようになります。

絵本の場合も、お話と同じように考えています。子どもが初めて絵本を見るとき、そこに自分の知っているものがあると指さして大喜びします。絵本だろうと、車や家具のカタログだろうと、そこに自分の知っているもの、好きなものがあるだけで嬉しいのです。

このあたりの様子を見ていると、子どもと絵本の出会いは、子どもが絵を見て喜んだというきっかけがあっただけのこと——ではないかと思います。そしていつのまにか絵本を見る習慣ができていた、というのが最も一般的な出会いの形ではないでしょうか。

子どもと絵本との出会いに神経質なぐらい気を使って「私は絵本のことが全然わからない」と自信の持てないお母さんがいます。そんな心配はいりません。なぜなら、どのお母さんも「絵本との出会い」にそなえ、やるべき用意はしてきているからです。

それは子どもが誕生したときから始まっています。お母さんは赤ちゃんが生まれると、すぐさま、語りかけます。相手にわかろうとわかるまいと、おかまいなしです。

赤ちゃんが少し大きくなって、抱いて外を歩けるようになれば、その語りかけの内容はいっそう豊かになります。空、おひさま、風、木、花、草、蝶、鳥、犬、猫、お母さんは目に入るもの、肌にふれるもの、音、匂いなど片っぱしから取りあげて赤ちゃんに話しかけます。それも頰をつついたり、背をさすったり、手を握ったり、赤ちゃんの心身をやさしくゆさぶって語りかけます。そして赤ちゃんがきげんよく反応すると、さらに上きげんにさせようとお母さんは愛情こめて赤ちゃんを刺激します。それこそ子どもの成長には欠かせない母と子のスキンシップです。

そのまにも、赤ちゃんはどんどん人間らしくなって盛んに語りかけてくるようになります。ヨチヨチ歩きを始めるころにはもう、犬や猫を、ワンワン、ニャアニャアと呼ぶだけでは物足りなくなり、犬は今、何をしているのか、これはどんな犬なのか、家はどこで、名前は何というのか、これからどこへいくのか、といったことを知りたがります。そのうち、「どうして?」「それから?」「そして、どうしたの?」を連発するようになるでしょう。幼い子たちは何しろ、お話が大好きなのです。お母さんはそのたび、子どもが喜ぶお話作りをやっているはずですし、特に意識しなくても子どもの興味にあわせて絵本も与えていると思います。

その与えかたは家庭それぞれでしょうが、私なら、ストーリーのあるきちんとした絵本をえらびます。二歳むきとか六歳むきといったことにはこだわりません。

たとえば、ワンワン、ニャアニャアの段階でも『ちいさなねこ』を与えるし、ウーウーカンカンでも『しょうぼうじどうしゃじぷた』（渡辺茂男文／山本忠敬絵／福音館書店）を与えます。

幼い子どもは、ものの絵の本にもとびつきます。でもそこにあるのはものの形だけでお話がありません。それっきりですから子どもには何も語りかけてきません。こういう本はむしろ後回しにしたいものです。子どもがもっと大きくなってひとりで本が読めるようになったとき、目的に応じた図鑑を見ればよいでしょう。

『しょうぼうじどうしゃじぷた』の消防自動車じぷた、はしご車のっぽくん、高圧車ばんぷくんは模型ではありません。生きて働いています。『ちいさなねこ』では、犬にも猫にも血が通っています。絵本を手にした子どもは実感を持って消防自動車にふれ、犬や猫を眺めて、さぞかし満足するでしょう。そこが絵本の魅力ではないでしょうか。

とはいっても、私は最初からきちんと読むつもりはありません。子どもの気がすむまで、ワンワン、ニャアニャア、ブーブー、ウーウーカンカンといわせておきます。そして子どもの興味が「それから?」「どうして?」と変化していくのにあわせて読むようにします。もちろん最終的には正しく読むことになります。

絵本は誰のためのものかといえば、その子どもひとりのためにあるのです。その子が最高に楽しめる状態で与えればいい。作家がどう考えようと、何を望もうと、子どもには関係のないことと思います。

育児の情報が氾濫《はんらん》して戸惑いのタネの多い世のなか、お母さんたちにさまざまな迷いと悩みがついてまわるでしょう。絵本のえらびかた、与えかたですらむずかしく、考えてしまいそうです。

でもお母さんは子どもを産んで以来ずっと、本能的に子どもの求めを感じとってきています。この母性感覚に自信を持ち、いっそうのみがきをかけてほしいのです。

育児書を否定するつもりはありませんが、それよりも大切なのは、目の前にいる子どもを真剣に観察することではないでしょうか。子どもからの語りかけをしっかりと受け止め、ちゃんとこたえるお母さんであってほしいと思います。

親と子のあいだに満ち足りた心の通う幸せな生活があれば、絵本との出会いは間違いなくうまくいくでしょう。

6 心の通う嬉しさ

友だちが「ママー、ママー」と泣き出すと、「ぼくはお母さんのおなかにいたときから、みどり保育園にきてるんだぞ」というのが、最年少の二歳児クラス・たんぽぽ組にいたころのむすこのとっておきの切札でした。

するとそのひと言で、ベソをかいていた子はピタリと泣き止みました。赤ん坊以前から保育園にきている子がいたとは――自分は恵まれているとあきらめがついたのでしょう。たんぽぽ組の子どもたちは誰も、むすこのお母さんが私――年長児クラス・さくら組の先生とは知りませんでしたから。

むすこがおなかにいたとき、子どもたちは「赤ちゃんが生まれたら保育園につれてきてね」と楽しみにしていました。むすこは生まれて八ヶ月すぎから私に連れられて保育園にいくようになりました。

ホールの片隅のサークルを自分の居場所にしてもらい、どこの家の赤ちゃんもやっているように勝手気ままにしていました。それでも子どもたちのことはちゃんと見ていて、面白そうなところには、どこへでも這っていきました。邪魔して叱られたり、だだをこねて笑われたりしながらも、「赤ん坊だから、しようがない」と寛大な扱いを受けて、かわいがられ、面白がられて育ちました。むすこは二歳になるまで「おみそ」でした。

この「おみそ」は、おやつと絵本には最初から興味を持ちました。おやつはひるねのあと、ホールに円《まる》く輪になって大きい子も小さい子もいっしょにすわり、ごさげんよく、おしゃべりしながら牛乳をのんでお菓子をたべます。絵本のときは年齢別のグループに分かれます。何をおいても必ず入ってきました。

絵本のときは、お兄さんお姉さんたちに抱きかかえられてすわります。そしてみなが笑うと自分も笑い、みなが真剣になると自分も真剣になって絵本に見入りました。一冊読み終わって、みながほっと顔を見合わせると、「おみそ」もまた、満足の至りとばかり、とろけるような笑顔になりました。子どもたちは「Kちゃんも面白かったでしょ」と頬ずりをしたり「Kちゃんはおりこうだね」と頭をなでたりしてくれるのでした。その雰囲気が、「おみそ」の赤ん坊には嬉しくてたまらなかったようです。

子どもたちが先生と身を寄せ合うようにして何か楽しそうなことをやっている――クスクス笑ったり、かん声をあげたり、笑いころげたり、かと思うと、しんみりしたり――物語の世界にひたりきっている様子が、おやつにもましてむすこを引きつけました。このような人と人との心の通わせあいは赤ん坊も大好きということです。

家庭教育を云々するとき、第一子をしっかりしつけておけば、第二子からは放っておいても上の子を見て上手に育つといわれます。これは、子どもの生活全般にわたっても考えられそうです。保育園で子どもを自由に遊ばせるときは年齢別にしないでみないっしょでした。小さい子は大きい子の真似をして遊びをおぼえます。また、あまり理不尽なことをやると大きい子にやっつけられるなど、大人では教えられないことを子ども同士でたくさん学びとっていました。

大きい子のほうも、自信、自覚、責任感を持つようになります。そして、小さい子は大きい子に甘え、大きい子は小さい子をかわいがる、この愛したり愛されたりの嬉しさは子どもの生活に欠かせません。小さい子が大きくなれば、またどこからか小さい子がやってくるのが保育園です。上の子がしっかり育っていれば、保育もうまくいきます。絵本についても同様でした。

入園したてのころは自分のことで精いっぱいだった子も馴れるにつれて大きい子たち

に関心を持ち始めます。それも楽しそうなこと、面白そうなことにいちはやく目をつけます。本の時間が好きになるのは、どの子もみんなが同じでした。

先生もたんぽぽ組が、大きい子たちの真似をして絵本を読んでもらいたくなるのを待ちかまえていました。そしてどの子も間違いなく喜ぶ絵本をえらびました。クスクス笑うところも、ドキドキするところも、真剣になるところもちゃんとある絵本です。

たんぽぽ組は一つ上の三歳児クラス・すみれ組と部屋が同じで、いうなればすみれ組の居候《いそうろう》みたいなものでした。絵本にしても、見たければすみれ組に入れてもらうし、見たくなかったら勝手に遊んでいるという、まだ赤ちゃんくさいおみその身分だったのです。

このたんぽぽ組が全員（五名ほどでしたが）すみれ組といっしょに特別夢中になった絵本があります。『わたしとあそんで』（エッツ文・絵／与田準一訳／福音館書店）です。

朝日がのぼって、草に露がひかっている野原へ、小さい女の子が遊びにいきます。野原にはバッタやカエル、カメ、ヘビ、うさぎなど動物がいます。ところが、女の子が「あそびましょ」と声をかけると、おどろいて逃げてしまいます。女の子はひとりぼっちで池のそばに腰をおろして、しょんぼりします。すると、さっき逃げていった動物たちが一匹ずつもどってきたではありませんか。女の子は嬉しくてなりません。でも「あそびましょ」とはいわないで、じっとしています。動物たちは安心して女の子のほうに寄ってきました！　そして、お友だちになって遊んだのです。

　画面を見ているだけで女の子の喜び、かなしみ、落胆、期待、がまん、といった心の動きが伝わってきます。そんな女の子の一部始終を見守るおひさまの何とやさしい表情でしょう。動物たちにもそれぞれ、微笑を誘う善良さがにじみ出ています。おひさまのぬくもりがあって野原のにおいが流れる本当に素晴らしい絵本です。

　この絵本を二歳三歳の子どもたちはことのほか気に入って、毎朝保育園にくると先生のひざもとに集まって読んでもらっていました。一ヶ月も続いたでしょうか。そのうち「わたしとあそんで」ごっこがはじまりました。せりふはたった一つ、女の子の「あそびましょ」です。あとは全員無言の行《ぎょう》、なりたい動物になって、女の子に近づき「あそびましょ」と声をかけられたら、あわてて逃げればいいのです。そして最後は、しょんぼりしている女の子のほうへそっと寄っていって、みんな仲よく遊びました――で終わります。

　始めたころは自分勝手に役をきめるので、最後はきまってけんかになる「わたしとあそんで」でしたが、回を重ねるにつれ、役を順番にまわすことを相談し、お面をつけることを思いつき、大きい子たちの劇みたいに音楽をつけるところまでいきました。せりふはなくても、絵本をくり返し読み、すみずみまで知りつくしている子どもたちの演技は大したものでした。

その上、この遊びには大好きなスキンシップがありました。女の子の役をするのは先生、先生の都合がつかなかったら大きいクラスのお姉さんときまっていて、フィナーレでは全員が女の子にくっつきました。しかも「子鹿」になれば女の子のほっぺたをなめるという役得がありました。

子どもは愛情に敏感です。そして愛情を示されることと、自分から愛情を示すことに無上の喜びを感じています。

すみれ組とたんぽぽ組は、愛情のこもった素朴であたたかい絵本が特別大好きでした。

7 貴重なおまけ

かなり以前、ある大学の研究室につとめている女性が私を訪ねてきました。用件は働く母親としての言いぶんを聞いてほしいというのです。自分は私立保育園に四歳の娘をあずけて働いている、日中は離ればなれのため母子で過ごす時間がなかなか持てないという悩みから話は始まりました。

せめて家にいるときぐらいは心おきなく子どもと絵本を見たり遊んだりしたい。それで、だから公立だろうと私立だろうと保育園では完全給食にすべきであるというのです。

彼女は夕方五時に子どもを保育園から連れ帰って食事を作ると、夜、子どもが寝るまで家事雑用はやらないで相手をする。子どもはひるねをしてくるからなかなか寝てくれない。寝ついてからがやっと自分の時間になるので、どうしたって夜ふかしをしてしまう。でも早起きしてお弁当を作らなくてはならない。おかげで慢性の睡眠不足になやまされている。ゆえに、お弁当を作るために早起きするのは、働く母親の健康上はなはだよろしくないので、完全給食にしてほしいわけです。

もう一つは、洗たく物の家庭への持ち帰りはなくしてほしいということ。保育園での子どもの汚れ物は、園で洗うべきである。せっかくの日曜日が洗たくに追われ、絵本もろくすっぽ読んでやれない。洗たくにかける一分一秒が惜しい。母と子のふれあいを守ることこそ、働く母親の権利ではないかと、その人は熱っぽく主張して賛同を求めました。

当時の私は保育士と作家と仕事を二つ持つ身で夜ふかしは当たり前、毎朝のお弁当作りもしていました。それでこの化学専攻というインテリお母さんの言いぶんには驚き、うなずけませんでした。

私も毎晩子どもに本を読んでやってはいましたが、せいぜい三十分足らずで、お茶を飲んでおしゃべりして、テレビでも見ていれば、あっという間に過ぎてしまう時間です。子どもと本を読む時間なんて、こちらが怠《なま》け心を起こしさえしなければ、忙しくたって何とかひねり出せるし、子どもも満足してくれます（でも、こちらが相手になっていればいつまでだって目をさましていました）。

せっかくの休日にしても、朝から晩まで我が子と一緒に絵本を読んだり遊んだりしてやるなんてうんざりです。それよりも洗たくのほうがましと思います。子どもの一週間分の生活の匂いと汚れのしみこんだ物を盛大に洗って乾かし、ほころびはつくろって「さあ、また一週間、たのみますよ」と用意してやることも立派な愛情のしるしです。

それに、保育園から子どもが持ち帰る物はすべて点検しなくてはなりません。離れているあいだの子どもの様子を知っておくためにです。ひるねの寝具、上ばきやスモックの汚れ具合、いたみ具合は子どもがどれだけ元気に遊んだかを知るバロメーターですから見て確かめる必要があります。

お弁当だって、母親が身近にいてやれないぶん、心をこめて一所懸命作れば、愛情と誠意を形にあらわせます。子どもはだまっているけれど、洗たくにしても、お弁当にしても、お母さんが自分のためにいろいろとやってくれることをよく知っていて、結構、嬉しく思っているのです。

その喜ぶ様子はお母さんといっしょのときよりも保育園にきているときにはっきりわかります。お母さんが手をかけてくれたものなら何でも、たとえズボンのつぎ当てだって自慢のタネになりました。まさに別れてこそ知る母の愛といった感じで、幼い子がお母さんを思う気持ちがどんなに強いか、お母さんたちにはちょっと想像つかないでしょう。とりわけ子どもたちがお弁当を開くときの嬉しそうな表情といったら天下一品でした。また、おひるねのときはお母さんが洗ってくれたシーツや枕カバーに頬ずりしています。

もしクリーニング店から配られたシーツやカバーだったら、さぞかし味気ないものになるでしょう。子どもは匂いに敏感です。

幼い子から見ると、一日いっぱい相手をしてくれるお母さんなんて、たいしたことありません。子どもには子どもの生活があるのですから、大人の干渉のないところで自由に遊べるほうがありがたいはず。それよりも、家族のために何かやっているお母さんの姿に安心がいくのではないでしょうか。

絵本にしても、お母さんは忙しいのだけれど、時間をやりくりして読んでくれるところに格別の楽しみがあると思います。

子どもを育てるうえで、暇を持て余しているようなお母さんが、働くお母さんより有利だとは考えられません。むしろ忙しい母親は時間を大切に上手に使うし、子どもとのふれあいにも心をこめる、少なくとも、努力しているのは確かです。子どももちゃんと承知していて欲求不満など起こさないでうまく育っていくと、私の考えを卒直に話しましたら、働く母親の権利を主張しにきた女性は目を丸くして「へえー、そういうものですか」と帰っていきました。

たとえ職業を持たなくても、幼児の母親というのは多忙をきわめます。でも「忙しくてかまってやれない」と心配するお母さんは、心配しているぶん、子どもに心をかけていることになり、心のかけようは子どもに通じているはずです。

子どもに手をかける時間が少ないのを負い目にして子に詫びたり、ふびんがって甘やかしたりしてはお互いにマイナスになるばかりです。それよりも、少ない時間、母子のふれあいが密度の濃いものになるような楽しみを持ってはどうでしょう。たとえば絵本です。

私は子どもが寝る前に必ず読んでやることにしていました（都合の悪いときは父親が代わりました。お客さんが読んでくれたこともあります）。子どもが寝支度をすませると、母子仲よく並んで絵本を見るのですが、それは私が心おだやかに腕白坊主のむすこと相対する、一日にたった一度の平和なひとときでした。それはまた、子どもが絵本に示す喜びや感動、不安、怖れ、などの表情から、それまで見落としていた、子どもの新しい面とか成長ぶりに気づく大事なチャンスでもありました。

お母さんが子どもと絵本を見るとき、いっしょに楽しい思いをしながら、絵本を通して我が子の姿を再発見するという、大へん貴重な「おまけ」もつくのです。

8

たくましい心のお手本

某月某日、幼い子を持つお母さんを対象に「たくましい心をきたえるには」というテーマで渋谷区の家庭教育学級が開かれ、そのプログラムの一つ「たくましい心を育てるには」の講師の役が私にまわってきました。

そこでまず「たくましい心」とはいったいどういうものだろうかと考えたのですが、大人ならともかく幼い子となると、ハテと迷いました。が、すぐ、あれこそ、たくましい心のお手本ではないか！　と思い浮かんだ絵本の主人公がいました。『あおい目のこねこ』（マチーセン文・絵／瀬田貞二訳／福音館書店）のこねこです。

「むかし、青い目のげんきなこねこがおりました。あるとき、こねこは、ねずみのくにをみつけにでかけました。こねこは、いさみにいさんで、でかけました。なにしろ、ねずみのくにをみつけたら、もうおなかをすかすことがありませんもの」で始まるこの絵本は家でも保育園でもみな大好きでした。

　こねこはいく先々で、ねずみの国はどこかとたずねるのですが、出会う者はすべて不きげんで不親切で不作法で、教えてくれるどころか、こねこの青い目がおかしいと笑ったり馬鹿にしたりします。でも、こねこは決して気を悪くしません。相手をうらまず、グチもこぼさず、明るく元気に旅を続け、ついにねずみの国を見つけるというストーリーです。

　この絵本には子どもたちが特に気に入っている場面がいくつかありました。いつもそこにくるのを待っていて、ページをめくる前からクスクス笑いだしたものです。

　その一つは、こねこがハエを一匹つかまえて「はえ一ぴきでも、なんにもたべないよりは、ましでした」と気分を持ちなおすところです。そしてその少し先でも、小さなかを一匹つかまえて「か一ぴきでも、なんにもたべないよりは、ましでした」と、ちょっぴり満足します。

　二番目は、青い目のこねこが黄色い目のねこたちと暮らしているときのエピソードです。

　黄色い目のねこたちもまた、たべる物が何もないため、怒りっぽく意地悪くなっているのですが、青い目のこねこだけは、ひもじさに負けていません。

「おもしろいことをしてみよう。なんにもなくても、げんきでいなくちゃいけないもの」と、鼻の上に大きなサングラスをかけて、しっぽをまるめます。が、このせっかくのユーモアも空腹でイライラしている黄色い目のねこたちには通じません。でも子どもたちは、とても愉快がりました。

三番めは、こねこが犬にほえられ、びっくりした拍子に犬の背中にとび乗ってしまうところです。犬は狂ったように走りだして山をのぼったりくだったり、のぼったりくだったり、走りに走ります。こねこも必死で、ふり落とされないよう、犬の背中にしっかりと爪をたててしがみつき、とうとう犬のほうはつかれはて、のびてしまいます。それでこねこがピョンと飛びおりてみると、何とそこはねずみの国でした！

今こうして三つの場面を思い出してみると、私たちの気に入りのところこそ、こねこが「たくましい心」を存分に発揮した見せ場だったのです。慢性栄養失調気味で風采《ふうさい》のあがらない青い目のこねこですが、どんな目にあっても「なーに、なんでもないさ」と自分をふるい立たせ、まったく弱音を吐きません。そこが私たちには愉快で面白く、しかもスリル満点でした。なんてたくましいこねこでしょう！

でも、これぐらいのたくましさなら誰でも持っていそうです。ユーモア、正義感、思いやり、愛情、希望、信念、自信などをひっくるめて一つにすると「たくましい心」になるのではないでしょうか。普段の生活ではあまり当たり前すぎて目立ちませんが、何かきっかけが生じると、このたくましい心は表にあらわれてきます。青い目のこねこだって、ひどい目にあうたびに、たくましさを発揮してくれました。

幼い子でも、不幸にして何かよくないことが起こったとき、たとえば家族の病気、けが、死、火事、両親の不和など——その子にひそんでいた「たくましさ」は一気にあらわれて周囲の人たちの目を瞠《みは》らせます。実際、私のまわりでは子どものたくましい心のおかげで一家が危機を乗りきった例がいくつもありました。

親が口やかましくハッパをかけていればたくましくなる、というものではなく、あくまで子ども自身が自分の力で着実にきたえていくものだと思います。

いざというとき、くじけないで明るく立ちなおれる力は、幼い子だって青い目のこねこと同じくらいちゃんと持っています。だから、この絵本に共感して、くり返しくり返し読んだのでしょう。

考えてみると、私自身も気がめいると『あおい目のこねこ』を思い出し、「なーに、なんでもないさ」とか「はえ一ぴきでも、なんにもたべないよりはましでした」とかつぶやいて重苦しさを吹き飛ばしていたのです。という次第で『あおい目のこねこ』を通して私なりに「たくましい心」を解釈、家庭教育学級のお役目を無事はたしました。

むすこが幼いころはいっしょになって、ただ楽しみのために見ていた絵本ですが、相手が大きくなってしまった今は、昔のように絵本を手にすることはめったにありません。でも不思議なことに、絵本が生活のさまざまな場でふっと思い出され、何ともいえない安らぎを感じ良い気分になります。『あおい目のこねこ』もそんな一冊です。

9

くり返し、くり返し読む

その年の夏は異常気象で雨が続き、八月なのに肌寒く、真夏日の太陽が恋しくてたまらない毎日でした。しきりに心に浮かんだのが『でてきて おひさま』（内田路子案／丸木俊子絵／福音館書店／『こどものとも』28号）です。

くもった日が三日も続いたのに業を煮やしたヒヨコたちが「おひさまをみつけて、空にひっぱりださなくちゃ」と旅に出ます。

ヒヨコたちは途中、ウサギやカササギ、ハリネズミに会っておひさまがどこに住んでいるかを聞きます。居所をつきとめると、「おひさま！　おてんきさん！　でてきてよ。てらしてよ」と頼みました。ところが、おひさまは黒雲がかぶさって顔が真黒になり、空に出るわけにはいかないといいます。ヒヨコたちはバケツに水をくんできて、おひさまの顔を洗い、みがきあげて、もとどおりのかがやくおひさまにしました。子どもたちの大好きな絵本で劇にもなりました。「おひさまおてんきさんでてきてよてらしてよ」のクライマックスでは、全員がここぞとばかり、声のかぎりに叫んだものです。

できるものなら私もヒヨコになって空へ出かけていって叫びたいと、夏じゅう思い続けました。今も、陰うつな天気の日はヒヨコになりたくなります。そして私の耳もとには、子どもたちのあの元気な声が聞こえてきます。

どしゃぶりの雨になると、もう一つ絵本が登場してきて、思わず「あめ　あめ　ほんとに　いやなあめ」と口ずさみ、「まりーちゃんと　ぱたぽんは　のはらで　ぜんぜんあそべません」とぐちります。

雨が降っても、それが結構なおしめりで恵みの雨なら、まりーちゃんのことなど頭にはなくて『ゆかいなかえる』（ケペシュ文・絵／石井桃子訳／福音館書店）の仲間を思い出し、「なつじゅう　かえるは　うたって　あそぶ」と楽しくなります。

しかし、大雨、どしゃ降り、じとじとと長雨ではカエルどころじゃありません。そういう日は、まりーちゃん、羊のぱたぽん、アヒルのまでろん、まりーちゃんのお友だちの、じゃん・ぴえーる君が懐かしくなるのです。

いつごろからか、いやな雨の日には、きまってフランソワーズ作のまりーちゃんの絵本のうち『まりーちゃんとおおあめ』（木島始訳／福音館書店）と『まりーちゃんとひつじ』（与田準一訳／岩波書店）が目に浮かびます。

『まりーちゃんとおおあめ』は、洪水になるぐらいの大雨の話です。雨はついに床上浸水して家畜は山の上に避難します。まりーちゃんの家族は二階にあがったきり、のまずくわずで救援のボートを辛抱強く待ちます。

やがて雨はやみ、太陽が出て水は引きましたが、その跡始末が大へんでした。家のなかは泥だらけだし衣類や家具はびしょぬれです。でも、まりーちゃんたち小学生は元気よく働いて、困っている人を助けます。そして何もかもめでたくもとどおりになりました。

台風シーズンのくるたび、私もまりーちゃんと同じ目にあうのではないかと気が気ではありません。夜半、豪雨の音に目がさめたときなど、ひょっとしたら「みえるのはなんと　みずばかり。おうちのまわり　どこもかも　みず　みず」になっているのじゃないかしらと、恐ろしくなります。

それに引きかえ、『まりーちゃんとひつじ』は暖かい日の光につつまれた明るいお話です。まりーちゃんは、ぱたぽんという名の羊を飼っています。もし、ぱたぽんが子どもを一匹生んだら、その毛を刈って売って、そのお金で、まりーちゃんは「すきなものが　なんでも　かえるわね、ぱたぽん」と、空想します。

もし二匹生んだら靴が、もし三匹生んだら青い花のついた赤い帽子が、そしてもし十匹生んだら、まりーちゃんの住む家と、ぱたぽん用の上等なじゅうたんが買えるでしょう。

けれども羊のぱたぽんの願いは、今のままでじゅうぶん、みどりの原っぱに住むこと、それだけでした。

「はらっぱには、ひなぎくの　はなが　きれい　きれい、
おひさまが　いちんち　きらきら。
わたしたち、おうちや　じゅうたんなんか　いらないわ、まりーちゃん」

本当に、ぱたぽんの言う通り、特に雨の日は、つくづくとこの世で「おひさまが　いちんち　きらきら」にまさるものはないと思います。私はいつも「あめ　あめ　ほんとに　いやなあめ」と嘆いては、ぱたぽんの幸福に思いを馳《は》せ、しばし、ゆううつな雨を忘れます。

絵本の恩恵といったらよいのでしょうか。私にはありがたい精神安定剤です。平凡な日々にあけくれながら、こうしていつのまにか絵本に入っていかれるのは大へんありがたいことです。

考えてみると、それもこれもすべては幼い子といっしょに絵本を読んだおかげでしょう。

子どもといっしょのときは気がつかなかったのですが、くり返し、くり返し「読まされた」、そして、絵本を楽しむ「相手をさせられた」ことが、通り一遍《いっぺん》の読みかただけではすまされなかったのです。いつも子どもに引っ張られ、背を押された格好で一歩も二歩も絵本へ踏みこんでいました。

若い人々にも絵本は愛され親しまれています。良い絵本は誰にとっても良い絵本ですから、ひとりでも多くの人に見てもらいたいと思います。でも、主役は幼い子という気がしてなりません。どんな絵本愛好家でも、絵本を楽しむ点では幼児にかなわないでしょう。感性が違います。

幼児に準じるのは、いつも子どもといっしょに読んでいるお母さんです。お母さんは子どものおかげで、とても得しています。

10

最初は喜ばなくても

幼い子は好奇心旺盛で知りたがりやですが、人見知りもします。結構、用心深く恥ずかしがりやです。事に当たったとき、いさぎよく腹をきめてイチかバチかやってみようなんて真似はしません。せいぜい死にもの狂いで泣きわめくぐらいでしょう。むしろ、全然物おじしない子は要注意です。

新しいもの、珍しいものに飛びつくのは、おとなになってからで、幼児のうちは見なれたもの、使いなれたものがよいのです。それでじゅうぶん、知りたがりやぶりは発揮できます。というのは、同じことのくり返しのような生活でも、子どもには飽《あ》くなき探求と好奇心によって毎日が新鮮で面白くてたまりません。だって育ちざかりの子ども自身がどんどん変化しているのですから。

想像力と創造力で、子どもの生活は活気にみちています。まさに退屈知らず、あわてて新しいものに飛びつかなくてもいいのです。子どもたちは何事にも、あわてず、ゆっくり吟味する余裕を持ってのぞみます。それは成長のとても大切な過程ではないでしょうか。新しいものをどんどん与えると、吟味する時間が失われ、大事な能力を弱めてしまうでしょう。絵本に関しても同じことがいえます。

せっかくの新しい絵本を、子どもは少しも喜ばなかったとがっかりして、その絵本を敬遠してしまうお母さんがいます。でも子どもの反応にはいろいろあるのを知ってほしいと思います。

また、幼稚園に実習にいった学生が、張り切って『ぐりとぐら』を読んだのに誰ものってこなかった、絵本が悪いのか子どもが悪いのかと、深刻に考えこんだりします。園の子どもたちは絵本より学生に気を取られたのかもしれません。学生は初めての実習でふるえるぐらい緊張していたそうですから。

幼児とのつきあいに不馴れな人が、ことさら熱心に話しかけたり、とても親切に絵本を読んでくれたりすると、子どものほうが照れて白《しら》けてしまうことがよくあります。幼児の相手をするのは意外とむずかしいのです。

いつぞや、たまたま保育園にきた芝居の演出家が、若い先生が年少クラスの子どもたちに絵本を読んでいるのを見て「うまいですねえ！　どんなベテランの女優にやらせても、ああはできない」と、しきりに感心していたことがありました。私から見ると、その先生は特別上手なわけでもなく、どちらかといえば静かでブッキラボウです。でも、小さい子たちは大好きな先生といっしょで、それは楽しそうでした。

私たちには珍しくもない見馴れた光景が外の人から見ると感嘆に価《あたい》するとしたら、お母さんもまた、どんな名女優も顔負けの素晴らしい絵本の読みかたをしているに違いありません。そもそも、おとなと子どもがしっくりいく関係というのは、即席ではむずかしいのです。若い先生は小さい子たちと信頼関係がしっかりできていたからこそ、演出家氏も舌を巻く出来ばえだったのでしょう。

けれども、そのときもし、子どもに初めての絵本を開いていたとしたら、読み手・聞き手とも戸惑ったり緊張したりして表情はいつもと少々違ったかもしれません。

私が初めて『あおい目のこねこ』を子どもたちに読んでやったとき、笑う子はひとりもいませんでした。どの子も、最初から最後まで無表情ともいえる大真面目な顔をしていました。そのあとでおなじみの絵本を読んだら、表情はやっとほぐれ、いつもの調子にもどりました。『あおい目のこねこ』を二度目に読んだときも、ほぼ大真面目でした。

三度目から少しずつ変わってきて、いつのまにか、こねこの動作一つ一つに笑いが起こり、山をのぼったり、くだったりのところでは身を乗りだしてました。そしてこの絵本は子どもたちの大のお気に入りになりました。

『しろいうさぎとくろいうさぎ』（ウィリアムズ文・絵／松岡享子訳／福音館書店）はみなの大好きな絵本ですが、これだって最初は全員だまりこくっていました。くろいうさぎが物思いに沈むたび、子どもたちもしろいうさぎと同じで理由がわからず、ハテ？と首をかしげるだけでした。

それが何回か読むうち、くろいうさぎの切ない気持ちが自分のものになり、しろいうさぎの察しの悪さに耐えるのが辛くてたまらなくなってきました。それだけに、しろいうさぎが目を大きく見開いて「ねえ、そのこと、もっといっしょうけんめい　ねがってごらんなさいよ」の場面の喜びは大きくなります。二匹のうさぎが「いつも　いつも、いつまでも」と手をにぎりあうと、子どもたちのあいだに、ほっと安堵のため息がもれました。

幼い子は絵本が好きです。だからといって、すぐに喜びの感情をあらわすとはいえません。それぞれの感じかたがあるし、受けとめかたもあるのです。あてがいぶちですべて満足というほど単純ではありません。新しい本には、ためつすがめつの時間も必要です。

おとなは子どもに対して一方通行にならないで、子どもからの働きも大切にし、ゆとりを持ってゆっくり見ていたいと思います。

ところが、テレビのコマーシャルや幼児番組、人形劇など、その大半は実に騒々しく気忙《きぜわ》しくできています。子どもの歓心を一刻も早く買おうとあせるからでしょうか。まさに問答無用、間髪《かんはつ》を容《い》れず動きまくり、しゃべりまくり、歌いまくって、子どもたちに考える間を与えません。

せめて絵本の世界ではそういう愚かしいことのないよう、作り手も与え手も心がけてほしいものです。

11

飽きずに長く読めるか

ある日、会合に出席して、会議室の大テーブルに山と積まれた絵本を一冊一冊見てきました。その大半は最近出版されたもののということでした。が、とりたてて新しさはなく、どこかで見たことのあるような画風を真似たもの、外国の古典絵本のムードをそっくり借りてきたものだったりで、残念ながら、子どもに与えたいほどの絵本ではありません。

その場にいた人の話によると、これらの絵本は立派すぎて値段が高いので子どもにはもったいないのだそうです。買うのは若い人、絵本は若い人たちのあいだで人気がありますからね、ということでした。それならまア、目をつぶっていましょうと思ったものの、どこか奇妙な感じがしました。

絵本は子どものために作られる本と思っ

ていたら、そうではないらしい、とっくに卒業したはずの人たちが絵本に夢中になっているのですから。その人たちの平均的好みでいくと、絵本はすてき、しゃれている、絵本はきれい、ロマンチックでファンタスティックで夢がいっぱい、かわいらしい、甘くてやさしい、ということになるのだそうです。

すてきな絵本を抱えていれば当人もすてきになれる、そんなムードを楽しんでいるのでしょうか。それとも、おとなになることを拒否した幼児がえりの現象でしょうか。外見は立派でも実質的にはお粗末としかいいようのない絵本の山を眺めながら、大人であるべき若者たちが、社会に対して逃げ腰になっていくような不安をおぼえました。が、とにかく、絵本にもいろいろあることを知りました。

それだけに、子どもの絵本、読書の入り口としてあるべき絵本を曖昧《あいまい》にしてはならないと思いました。

幼い子を持つお母さん、保育園、幼稚園の先生など、保育をこころざす人たちは世間の風潮に左右されない、冷静な目で子どもにとっての絵本という観点に立って考えてほしいと願います。

読書の入り口である絵本はまた、人生の入り口のような気がします。なぜなら、生きることは素晴らしいと、子どもひとりひとりにしっかりおぼえこませるチャンスだからです。

私は保育園で子どもたちと絵本を読みながら、楽しいゆたかな心の体験をした子は、人生に希望と自信を持つと信じていました。はたして私の願い通りにいったかどうかはわかりませんが、絵本には子どもの心をゆさぶる大きな働きかけがあって、子どもからさまざまな活力を引き出してくれるのは確かです。

幼い子が自分の大好きな人といっしょに絵を眺めながらお話を聞く、というのが、まず最初の絵本の楽しみかたです。その段階では、どの子も、読んでくれる人にくっつきたがります。ひざの上が最上席です。

保育園でも、すみれ組・たんぽぽ組ぐらいですと、先生のどこかにさわっていないと落ち着いて絵本を見られません。先生が身につけているスカートの裾《すそ》かブラウスの袖、ベルトでもいいのです。絵本を読んでもらうあいだ、ずっとさわっています。しかし、いつまでも、くっつきたがっているわけではありません。やがては次の段階、大好きな人のそばにいるということよりも、絵本そのものがお目当てとなってきます。このときこそ読書の入り口第一関門突破、問題はそのあと、つまり、絵本そのものが楽しくなってきたときのことです。

その日を期待して、最初の段階から子どもの真の興味にこたえられる、すぐれた絵本を用意しておきたいものです。そうしないと、母親のひざから離れたときが絵本とさようなら、読書との別れになるでしょう。二歳のときは二歳児なりの理解力でじゅうぶん楽しみ、五歳になったら、さらに五歳児の能力でたっぷり楽しめる絵本をえらびます。くり返し、くり返し読んでも飽きない、見るほどにますます好きになる絵本です。

子どもは黙っているけれど絵本の良し悪しは見ぬくようです。つまらないものにいつまでも執着しません。絵本の値段はただ「高いから子どもにもったいない」で片づけるわけにはいかなくなります。

保育園で絵本の値ぶみをするに当たってのポイントは「この本は末長く読まれるだろうか」でした。私たちは裕福ではなかったので一銭も無駄にできません。本を一冊買うのも慎重に考えました。しかし、値段は問題にしませんでした。あくまで内容を吟味した上で買う、買わないをきめました。

みどり保育園が閉園するまでの十七年間、毎日のように読まれた絵本はたくさんありました。それこそ表紙がすれて角が丸くなり、本全体に子どもたちの熱気が吸いこまれているようで、手ざわりまで格別になっていました。

そしてなぜか、子どもたちのお気に入りだった絵本はどれも造本がしっかりして丈夫で、たとえ角がすりへっても糸が切れてバラバラになることはありませんでした。ですから私たちは「すぐれた本を出す出版社の本は丈夫で長持ちして、見た目にも品位がある。そして、良い本は子どもから尊敬され、ていねいに扱われる。良い本はいつまでも読まれるのだし、決して高くはない。じゅうぶんもとはとれる」と評価していました。

絵本が高いか安いかは内容によります。内容はまあまあだけど安いから、と買うのだったら、買わないで貯金をしておいて、良い絵本を買うようおすすめします。つまらない絵本を十冊持っている子どもより、気に入りの絵本を三冊持っている子どものほうが満足度は高いはずです。

私と本との出会い

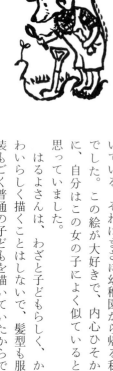

1

私が子どもだったころ

幼かったころ、特に気に入りの絵本はどれだったかとなると、はっきり思い出せませんが、断片的にはおぼえています。

「ようちえんのかえりに　もずがなく
ちっちきち　みっちきち　と
もずがなく」

川島はるよの絵です。住宅地の生け垣の続く道を、バスケットをさげた女の子が歩いている、それはまさに幼稚園から帰る私でした。この絵が大好きで、内心ひそかに、自分はこの女の子によく似ていると思っていました。

はるよさんは、わざと子どもらしく、かわいらしく描くことはしないで、髪型も服装もごく普通の子どもを描いていたからです。はるよさんはその名前からしてきっと、春の陽射しのようなあたたかい人だろうと私は親しみをいだきました。

今でも犬と散歩しているとき「ちっちきち　みっちきち」と、もずの声が聞こえるとあの場面を思い出し、道の向うの角に弟を抱いた母が迎えに出ているような気がしてきます。

私が小学校（当時は国民学校といっていました）に入ったのは戦争中で、「ほしがりません、勝つまでは」の時代でした。ほしがったところで手に入るものはなく、おもちゃも絵本も、姉のお下りをもらい、私のものは弟妹へお下りになっていきました。おもちゃはがんじょうで長持ちしましたが、絵本はいたみがはげしく、母がしょっちゅう和紙で修ぜんし、とじなおしていました。

茶の間のテーブルに、紙やハサミ、えんぴつ、物差しなどの入った母の工作箱があらわれると、修ぜんの始まりで、私はわくわくしながら見物したものです。まず、絵本のいたみ具合にあわせて無地の和紙を切ると、糊をまんべんなくぬって、いたんだところに、まがらないようにきちんとはりつけます。そして陰干しにして、かわくと、文字のかくれた部分には、またもとどおりにスミで書き入れてできあがりです。あるとき、母は修理のきかないぐらいボロになった絵本を何冊かばらして、良いところだけあわせ、一冊にしてしまいました。絵本の出版はもう無理な時代だったので、一枚一枚が貴重品だったに違いありません。童話の本はまだあったようです。そのころ東京杉並の天沼《あまぬま》に住んでいた私は、夕方、着物に着替えた父にくっついて散歩がてら、阿佐谷の本屋さんやレコード店にいくのを大へん楽しみにしていました。

私の入学祝いは、えんどう豆が五つぶ並んだ若草色の表紙の『アンデルセン童話集』でした。生まれて初めて「おはなしの本」を買ってもらったのです。しかも、さし絵の入った、とてもきれいで立派で、面白い本を！　本の後に名前を書いたときの興奮を今もおぼえています。きまりが悪いくらい、下手くそな字だったことも。

ところがこの本は、隣のクラスの友だちに貸したばかりに、敵国の書物として没収《ぼっしゅう》されてしまいました。友だちはアンデルセンのおかげで先生にどなられたと私をうらみ、本の行方はそれっきりでした。そのときのショックと無念さは、一生忘れられない私の戦争体験の一つです。同じ学校でも私のクラスの溝部英子《みぞべえいこ》先生は決して野蛮なことはしませんでした。二年生のとき、私は先生からお誕生祝いに川島はるよのさし絵入り、村岡花子の童話集『たんぽぽの目』を頂いて、ずっと大事にしています。

三年生になると戦争はひどくなる一方で、三年生以上の小学生は疎開するようにと達《たっ》示《し》が出て、姉と私は札幌の母方の祖父の家にいくことがきまりました。そのときも、いつものように父と姉と阿佐谷へいって本屋さんに入り、本を一冊ずつ買ってもらいました。ザラ紙に活字だけの本で、姉は北原白秋の詩集、私のは『野口雨情少年詩集』でした。

詩集なので余白はあります。「お父さんが絵を描いてあげよう」といってくれたものの、何しろザラ紙では描きにくかったのでしょう。「ナイフとフォークで　チャカチャカ　チャッチャッ」のページに、お皿とナイフとフォークを描いたきり、あとは忙しさにかまけて、描いてもらえませんでした。それで私がカットを描いてみたのですが、えんぴつに力を入れると紙が破れるし、消しゴムを使うとマックロケになるしで何ともみすぼらしくなって、机のひき出しにかくしました。札幌にいってからも、この本はかくして、誰もいないときにこっそり読みました。

戦時中に買ってもらった本は、この少年詩集が最後でした。あとは、姉がとっていた『少国民の友』という雑誌を私も読み、水兵さんが主人公の『月月火水木金金』というマンガがあったのだけ、おぼえています。それよりも、姉が近所の女学生から借りてくる戦争前の『少女の友』や少女小説のほうがずっと好きでした。レースとリボンと花で飾られた、髪の長い目の大きい美少女にうっとりし、はなやかでロマンチックで甘く哀しい物語に我を忘れ、私も大きくなったらミッションスクールに入って、すてきな上級生と仲よくなりたいなんて憧れたものです。

でも母は、少女小説にはかしこい女が出てこないと少女雑誌の類を毛ぎらいし、借りることを禁じました。母は婦人雑誌も同じ理由できらっていました。母は昔も今も、明るくかしこい素直な少女が好きなのです。たとえば、『にあんちゃん』の安本末子さんとか、ハイジとか。

母は、子どもたちの読み物になみなみならぬ関心をはらっていて、遠慮なく口出しをしました。友だちと本の貸し借りをやっているのにも目を光らせていて、「もう二度と、こんな本を借りてきてはいけません」と釘《くぎ》をさすこともしばしばでした。母には母なりの基準があって、なぜ悪いかという場合、話が陰険《いんけん》である、登場人物が腹黒くて下品、ひねくれている、文章が良くない、話のつじつまがあわない、など理由はいつも、はっきりしていました。「ゆえにこの本は良いと思えません。あなただってそう思うでしょう?」とやられると、返す言葉はなく、でも結局は、母のきらうと思われる本はかくれて読みました。私には面白くてやめられない本ばかりでしたから。

疎開するときまったとき、第一に思ったのは、母の目の届かないところで何でも読める! ということでした。姉も同様で、母のきらいな少女小説をどっさり読もうと、うきうきしていました。

父は娘たちのために、友人の家で不用になった世界名作全集など、大正・昭和初期の子どもの本をもらい集めて「札幌にいったら読むんだよ」と、りんご箱につめてくれました。また、札幌では親戚知人の多いおかげで、『赤い鳥』『小公子』『宝島』、サトウハチローや佐々木邦のユーモア小説、そのほか、戦前の子どもの本のお下りをもらうことができました。

　私は、さし絵のある本が特に好きでした。

　大人の本でもさし絵やカットがついていれば勇んで手にとって、絵のあたりに見当をつけて一所懸命ひろい読みしました。九歳で岩波文庫のグリム童話集を読んだのも、タイトルについたカットがきっかけでした。岩波文庫の『エミール』にも、ところどころカットが入っていて、小さい男の子がお母さんにスリッパでお尻をぶたれているなど、面白そうだったのですが、内容はさっぱりわからなくて読むのはあきらめました。

　が、とにかく、戦争前の子どもの本は私が買ってもらった『野口雨情少年詩集』とはくらべものにならないほど紙も印刷も上等、表紙もぜいたくで、さし絵がふんだんに入っていました。私はよその家にいくと、本と名のつくものなら手当り次第に読ませてもらい、あげるといわれれば大よろこびでもらってきました。そして、ヅカノファンのおばさんから、宝塚歌劇団全盛期の機関誌『歌劇』まで、どっさりもらいました。全ページ、グラビアで、その豪華な舞台写真、はなやかな衣裳に私は完全にしびれました。

　何を読もうと干渉する人のいないありがたさで、ぞんぶんに少女小説や少女雑誌、それに『主婦之友』だの『婦人倶楽部』まで読んだ私は、さらにタカラヅカにかぶれ、フリルが幾重にもかさなるドレスの「だんだん服」に首飾り、耳輪、長いまつ毛、瞳パッチリ、巻き毛のお人形描きに熱中しました。

衣類不足の戦争下、『百まいのきもの』（エスティーズ文／スロボドキン絵／石井桃子訳／岩波書店）の主人公・貧しい少女ワンダのように、私もせっせとドレスの絵を描き続けました。ワンダは図画コンクール一等賞にえらばれるぐらい芸術的な百まいのドレスの絵を描きましたが、私のは極めて俗っぽい「お人形さん」で、母が見たら、さぞや愚かな娘と嘆いたに違いありません。

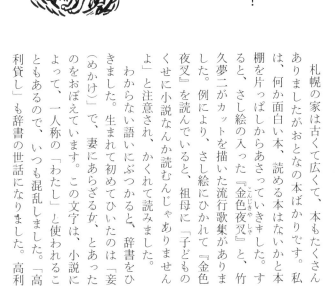

2
一冊で百冊分の面白さ！

札幌の家は古くて広くて、本もたくさんありましたがおとなの本ばかりです。私は、何か面白い本、読める本はないかと本棚を片っぱしからあさっていきました。すると、さし絵の入った『金色夜叉《こんじきやしゃ》』と、竹久夢二がカットを描いた流行歌集がありました。例により、さし絵にひかれて『金色夜叉』を読んでいると、祖母に「子どものくせに小説なんか読むんじゃありませんよ」と注意され、かくれて読みました。

わからない語いにぶつかると、辞書をひきました。生まれて初めてひいたのは「妾（めかけ）」で、妻にあらざる女、とあったのをおぼえています。この文字は、小説によって、一人称の「わたし」と使われることもあるので、いつも混乱しました。「高利貸し」も辞書の世話になりました。高利貸しは悪玉として少女小説にもよく登場しました。

なにしろ、何でもいいから読みたくて仕方ありません。空襲警報待ちの毎日では外に出られず、ほかに楽しみもなく、時間だけはたっぷりありました。

ある日、姉が中二階の小部屋で、母たち姉弟の成績、作文、図画、日記、教科書、いたずら書きまでしまいこんだ古トランクと柳行李《やなぎごうり》を発見しました。それは大正・昭和初期の子どもの生活記録で、面白くて夢中で読みふけりました。すると戦争を忘れ、物不足とは無縁ののどかなよき時代にもどることができました。タイムスリップという言葉は知らなくても、もし可能であったら、と空想しました。

この行李から、宝を一つ掘り出しました。西洋のおばあさんが大きなガチョウにまたがって空を飛んでいる表紙の、冨山房百科文庫、西条八十・水谷まさる共訳『世界童謡集』（冨山房模範家庭文庫に収められていたもののペーパーバック版）です。世界各国から形式内容になるべく異色のあるうたを四〇〇近く集めたこの本は、マザア・グースからクリスティーナ・ロセッティ、ロバート・ブラウニングなど多勢の詩人の詩、外国の遊びうた、子どもの作った詩、世界中の子守唄、詩劇まで豊富に揃い、その並べかたが大そうシャレていました。

光・金・銀・鏡・白・赤・緑・青と八つの「お部屋」に分かれ、「光のお部屋」には天候・太陽・月・星・風をうたった唄、「金のお部屋」には植物、「銀のお部屋」は動物、

「鏡のお部屋」は子どもの生活、「白いお部屋」は子どもの心、「赤いお部屋」は楽しく、「緑のお部屋」はひっそりと、そして「青いお部屋」は、ちょいと風変わりな唄というのです。

各部屋ごとには扉があって「さあ、元気な足どりでお部屋へはいって下さい」とか、「ずんずんおはいり下さい」とか、「ここにうたわれている子供たちと仲よしになりになるでしょう」「さあ、扉《ドア》を開《あ》けておはいり下さい」「フェヤリイたちは、みなさんのいらっしゃるのを待っています」と誘ってくれます。この扉のページだけ、ひとまわり小さい活字でできているのがまた、特別そっとささやきかけてくるようで何ともいえない雰囲気がありました。武井武雄や岡本帰一らの西欧風なカットもふんだんに入っていました。

もし空襲になって、本を一冊だけ持って逃げるとしたら、『世界童謡集』にすると私はきめました。わずかな文字で面白さたっぷり、一冊で百冊分の読みではあると欲ばった計算をしたからです。たとえば、このマザア・グースのうたはどうでしょう。

「わん！　わん！
犬が吠えている。
町へ乞食がやって来る。

やぶれた
ぼろの服を着て
なかにゃびろうどの上着着て。」

「たぶんそうだと
あたしは思うが
もしもあなたが
紳士であるなら
膝《ひざ》をこちょこちょ
くすぐられても
あなたは笑いは
しなかろよ。」

「小ちゃい娘がおりました。
ちょうど額のまんなかに
ちっちゃいつむじがありました。
いいときゃほんとにいい娘。

いったんわるいとなったときゃ
それこそほんとにいやな娘。」

「おばあさんが籠に乗ったまま
お月さまより十九倍も高く
ゆらゆらのぼって行かしゃった。
どこへ行くのかきかずにゃおれぬ
だって箒《ほうき》を持ってるからにゃ。
『おばあさん　おばあさん　おばあさん
どっちへ　どちらへ　ねえどこへ
そんなにのぼって行かっしゃる？』
『空の蜘蛛《くも》の巣はらうのじゃ
はらえばすぐに帰るぞい』」

「まことおいしそな林檎饅頭《アップル・パイ》を
見ればだれだって一片《きれ》ほしい。
食べてほんとにおいしかったら

一片《きれ》ぽっちじゃすまされない。
だから二片《きれ》ほしがらぬよう
とても大きな一片《きれ》がほしい。」

私はマザア・グースが特に気に入りました。不思議でおかしな情景が次々と絵になって浮かびます。それにしても、マザア・グースとはどんな人なのでしょうか。

頭が痛くなるくらい考えました。馬鹿なのか利口なのか、良い人なのか悪い人なのか、ふざけた人か、男か女か、おとなか子どもか、さっぱりわかりません。それで、祖母に「マザア・グースって、どんな人？」と聞くと、祖母は「そんな人、知らない」といって、マザアはお母さん、グースはガチョウと教えてくれました。そこで表紙の意地悪そうなおばあさんをつくづくと眺めたのですが、この人がマザア・グースとはどうしても信じられず、できるものなら活字をほじくって唄の奥まで入っていき、マザア・グースの正体を見とどけたいものだと思いました。

マザア・グースのほかにも、好きな詩はいっぱいありました。どれも想像力をかきたて、さまざまな絵になりました。いくら自由に少女小説が読めるといっても、いざ両親と離れてみると、決していいことばかりではありません。それに、姉がお祖母さんっ子ということもあって、憎まれっ子の私はなかばヤケクソで独立独歩の高姿勢をとり、淋しいだの悲しいだのと泣きごとは一切いわず、終戦までつっぱり通しました。

それだけに『世界童謡集』の明るさ、楽しさは骨身にしみわたって私を元気づけてくれました。

アンデルセン没収にこりた私は、童謡集にしろ、翻訳本にしろ、外国名の目立つ本は敵国の本と非難されるだろうと用心して、学校へ持っていかないのはもちろん、友だちにも見せませんでした。

札幌の学校では、担任の先生が綴り方に力をいれていて、毎朝、豊田正子の『綴方教室』を読んでくれました。下町に住む一家のザックバランな生活ぶりの面白さは、作文の域を越えていました。私も作文は得意のほうでしたが、豊田正子さんのように上手に自分の思ったままを書けるはずはないと思っていました。軍国の少国民意識が私の邪魔をするのです。正直に飾らずに書けたらどんなに気持ちがよいだろうと正子さんが羨ましくてなりませんでした。

3 画集にびっくり

終戦の翌年、父の新任地の福島市でふたたび家族そろった生活が始まりました。国民学校は小学校と名が変わり、私は五年生でした。疎開したおかげで、どんなにうるさい親であろうといっしょに暮らすのがいちばん幸せなのだと思い知らされ、幼い弟や妹のかわいさも、離れてみてやっとわかり、一家離散はもういやだと肝に銘じました。

さて、楽しき我が家をあらためて見まわすと、疎開先から無事もどった本が整理のつかないまま、あちこちに積まれ、家じゅう本だらけでした。物置にあった本は、知らないあいだに泥棒に入られ、ぬきとられていたことが、あとでわかったりしました。

そして、座敷のすみの本棚に父の集めた美術書の類が、いかにもそこだけは丁重に扱われている感じで、並べられました。

私はそれまで、家にこういう本があるとは知りませんでした。どれも絵の本、絵そのものだけの本とは！　しかも、大きくて厚くて、紙も装丁も豪勢です。ページをめくるたび、おどろきの連発でした。本といえば、文章を読んで頭のなかに絵を描いていくものので、さし絵があればそれこそ儲《もう》けものと思っていた私は、座敷のすみにすわりこんで天国にでもきたような気分を味わいました。やがて馴れるにしたがい、一枚の絵からさまざまな物語を想像する楽しさが、私をとりこにしました。

何でも自己流に読んで勝手に解釈する私は、ひんぱんに出てくる泰西名画《たいせいめいが》という文字を、武井武雄画と同じく、ハタサイメイ画と読んで、ハタさんに大へん興味を持ちました。

ところが、人名辞典にも百科辞典にものっていないので、これまた、どういう人物なのだろうかと、マザア・グース以上に不思議でなりませんでした。あるとき、友だちの家に遊びにいくと、そこのお兄さんが仲間数人と泰西名画集を感心して眺めていました。私は思わず「あっ、ハタサイメイの絵だ」といったものです。お兄さんたちは私には一瞥もくれませんでした。

鳥獣戯画《ちょうじゅうぎが》も、トリジューギの画号を持つ鳥や動物を得意とする画家のことだと思っていたし、浮世絵にある肉筆とは多分、肉体を筆で描くことで、人間画のことだろうと見当をつけました。エッチングというのも、ゴヤの作品から推して連続絵ばなしを意味するのかと思ったり、トンチンカンではあるけれど画集は大好きでした。

特に印象派が文句なしに好きでした。きれいで朗らかで、なんて楽しいのでしょう。「エコール・ド・パリ」とは何のことか知らないけれど、魅力いっぱい、さんさんと降りそそぐ太陽の下へ、私もおどりだしていきたい衝動にかられました。

4

感動を家族みんなで

私は絵を描くのも好きでした。といっても お人形さんより少し進歩して、友だちの似顔をノートに描く程度です。学校にいくと友だちから注文が殺到し、休み時間は大忙しでした。

私は彼女たちの将来の姿を、本人の夢と希望、まわりの冷やかしと助言を入れまぜマンガ風に描いては拍手喝采《かっさい》をあびました。ウメちゃんは踊りのお師匠さん、ツネちゃんは大金持ちの奥さん、シーちゃんはバレリーナといったところをせっせと描くのです。描くことが好きだったので、ノートさえ持ってくれれば何でもござれ、喜んで注文に応じました。

この似顔描きが高じ中学生になるとマンガ家に憧れました。達者《たっしゃ》な筆さばきで、社会風刺《ふうし》のきいたマンガを描く人になりたいなんて本気で考えたものです。

これには当時の大衆雑誌の影響が大いにあります。終戦直後、カストリ雑誌といわれた週刊誌ほどの雑誌ですが、父が出張から帰ると一、二冊、カバンの底に入っていました。福島にいては想像もつかない戦後の都会の風俗が、マンガ家たちによって描かれていました。ガード下の靴みがき、ヤミ市、浮浪児、花売り娘、GI、パンパンガールなど、今でこそテレビドラマでお馴染みですが、疎開以来、東京にいったことのない私には、何もかも珍しくてなりません。文藝春秋新社から『漫画読本』が出ると、たちまち愛読者になりました。

読書好きの父のおかげで、戦後の出版物は次々と我が家にも入ってきました。また父はアメリカ映画が好きで、私と姉はよく連れていってもらいました。

たびたび東京へ出張する父は、機会さえあれば展らん会や音楽会にいき、その感激を家族に熱っぽく話してくれました。

ようやく出始めた児童むけの本も、東京で買ってきました。『ビルマの竪琴《たてごと》』『豆の一生』『小波お伽土産』など、紙も綴《と》じも粗末《そまつ》でしたが、『野口雨情少年詩集』にくらべれば、表紙らしい表紙とさし絵があって、大分《だいぶ》ましにはなっていました。ただし発行部数が少なく発売日に本屋さんで行列して買ったそうです。

父のお土産の本はもちろん嬉しいのですが、それよりも私はおとなの雑誌をこっそり見るのも楽しみでした。都合の良いことに、洗たく物を出したあとのカバンはいつも父の仕事机の脇《わき》に放ったらかしでした。

もし、子どもに読ませたくない本があったら、家には置かないことです。子どもたちにとってかくし物をさがし出すぐらい、面白いことはないのですから。でも子どもって、これは少々ウサンくさい本と感じると、後ろめたく、読むには読むけれど親の心を思いやって知らん顔をします。もっとも、子どもがおとなの本を読んだからといっても、せいぜい好奇心を満足させるくらいでしょう。

むしろ、親がひどく感動して、ほめちぎる本から受ける影響は大きいと思います。親の感動ぶりに、疑いをはさむ間もないまま、なるほど！　と信じてしまいます。かくれて読んだ本はずい分ありましたが結局は毒にも薬にもならずに忘れ去り、父や母が絶賛した作家や本の名は今も忘れません。

親といっしょに「これは良い本だ」と認めあうとき、子どもの分際《ぶんざい》から一躍《いちやく》、親と対等になったような気がして嬉しかったものです。また、面白い本、感動した本はひとりじめするのが惜しく、家族のみんなに読ませたくなります。その手始めは姉でした。姉はなかなか手厳しくて簡単には「ウン面白い」とは言わず、「こんな本のどこがいいの」と冷たく、たまに「面白いわね」といわせたときの気分は最高でした。それからお互いに、気に入ったところをなぞりあって、もういっぺん楽しい思いをしました。

岩波少年文庫の『ふたりのロッテ』（ケストナー作／高橋健二訳）を読んだときはまさにそうでした。私の「面白かった！」の感激が家じゅうを総なめにして、以後、少年文庫の新刊が出るのを待ち受けて買ってもらい、高校生の姉から小学生の妹まで、うばいあいで読みました。母も、子どもたちが学校にいっているあいだに読むのか、どの本の内容もくわしく知っていました。

家族の揃った食卓で『クマのプーさん』『宝島』『トム・ソーヤーの冒険』などが話題になると、父は晩酌《ばんしゃく》をしながら上きげんで耳を傾け、「その本、ちょっと持ってきてごらん」ということにもなりました。

小学生だった妹の百合子は我が家のストーリーテラーで、夜、不眠症に悩む父の枕許にすわってお話をさせられたりしました。親のほうが子どもに話をさせて心地好い眠りにつくのです。妹の十八番《おはこ》は『バラとゆびわ』（サッカレイ作／刈田元司訳）で、つっかえたり間違えたりすると母が横から口を入れてなおし、妹はまた、その先を続けました。

父は少年文庫のさし絵を「これはほんものの画家の描いた絵だ」とほめました。

私が人形やマンガばかり描いていたせいか、父は折にふれ、ルノアールやドガの絵を引き合いに出し、説教をしました。そして光線とか色、タッチの説明をするうちに父自身が「いいねえ」「すばらしいねえ」と感動してしまい、画集一冊を見終わるまでにたっぷり時間がかかって私はアクビをかみ殺すのに往生《おうじょう》しました。が、ともかく「芸術のわからないヤツだ」とはいわれたくない一心で眠気を払いました。

岩波書店が少年少女向けの美術全集『少年美術館』を出すと、父は早速に予約しました。

それまで勝手にやってきた私の本の読みかた、絵の見かたは、少年文庫と少年美術館のおかげで軌道《きどう》修正されたようです。

私は少年文庫を読みまくりました。高校生になっても熱はさめやらず、芥川龍之介やロマン・ロランと並行して愛読し続けました。

5

子どもは誰でも「主人公」

世界の児童文学の傑作を読むほどに、そこに登場する子どもたちに私はひかれました。幼い子から思春期の少年少女までです。どこにでもいる普通の子どもたちです。

考えること、感じること、願うこと、恐れることは私と少しも変わりません。どの子も生きている今を、より愉快に素晴らしく過ごそうと一所懸命です。一所懸命になりすぎて、とんでもない目にあったり大事件を起こしたりします。

どんな子どもにも長所と短所があり、どんな子どもにもがんこな一筋なわではいかないところがあって、作家はそこを上手につかんで物語を作っています。私にとって子どもの文学の魅力は、煎じつめると「子ども」そのものの面白さでした。

そもそも、子どもは誰もがとても個性的

で、「お話の主人公」になる要素を持っています。私は子ども相手の仕事をやりたくて保育士になりました。

保育園につとめてみると、幼児はまさしく子どものなかの子どもでした。本で出会った子どもたちに負けない潑剌《はつらつ》とした面白い、すごい相手で、おまけにかわいいことといったら、親に返すのが惜しいほどです。ほれぼれと眺めては、ハメルンの笛吹き男みたいにこの子たちを全部連れて、どこかへいってしまいたいと考えたくらいです。

子どもたちは遊びの名人で、空想と現実のあいだをいともたやすく出たり入ったりして私をおどろかせました。遊びの世界の何と自由で奇想天外《きそうてんがい》なこと！　遊んでいる子どもたちはとても利口で賢く、私など足許にもおよべない感じでした。そして、遊びっぷりを見れば見るほど、もっともっと楽しませてやりたいと私は意気込みました。そこでお話や絵が必要となってきました。それもお子さまランチではなく、おとなにも満足のゆく、腹の足しになるものでなくては本当に面白いとはいえません。

そのころすでに『ちびくろ・さんぼ』を皮切りに幼年むけ『岩波の子どもの本』が出版されていました。福音館書店からは月刊絵本『こどものとも』が、続いて『世界傑作絵本』が出始めました。どれも、保育園の子どもたちに自信を持って与えられる絵本でした。

子どもたちは最初から絵本に興味を持ちました。

私は、自分が楽しくなくては子どもだって楽しくないだろうと、絵本もまず自分の目で確かめ、それから子どもたちを誘いました。

絵本を見るとき、どの子も表情がおだやかになりました。そしてなごやかな雰囲気が十分でも二十分でも続きます。私にとって感激で、大きな喜びでした。

「読みましょう」のひと声に、子どもたちは目を輝かせ集まってきます。期待を裏切るわけにはいきません。

十人集まれば十人を満足させるのが鉄則《てっそく》でした。

幼児がかわいらしく見えるのは、心身ともに満足しきった状態にあるときです。私は絵本を読みながら子どもたちの様子を観察しました。今日はどれくらい、かわいい顔をしているか――が、私への採点表で、全員そろって楽しい思いをした日は百点満点をつけました。

絵本やお話を通してともに味わう楽しさ、喜びは、幼児の成長の糧である遊びの質を高め、豊かにしていきました。そこから、保育のコツを学びました。

愛する子どもたちに、この世にある最良のものを与えたいと私はただただ願い、子どもたちはみな生まれながらにして感性が鋭く、本当に良いものが好きでした。

岩波少年文庫と私

1

『ふたりのロッテ』

一九六三年、岩波書店から出版された『ケストナー少年文学全集』における高橋健二氏の業績に、産経新聞社よりサンケイ児童出版文化賞が贈られました。その日、光栄なことに、私が初めて出した本『いやいやえん』（福音館書店／一九六二年発行）にも同じ賞を頂くことになりました。高橋健二氏と席を同じくできるとは！

私と、さし絵を描いた妹、大村（山脇）百合子はともども、ケストナーが大好きなものですから、授賞式でケストナー・高橋健二さんにお目にかかれると知るや、嬉しくて、賞よりもそのことにすっかり心をうばわれました。ドイツ語のわからない私たちにとって、高橋健二さんはエーリヒ・ケストナーその人でした。

妹は、授賞式に『ふたりのロッテ』を

持っていってサインして頂いてもかまわないかしらと悩んでいる様子でした。が、めんどくさがりやの私は、どっちつかずの生返事《なまへんじ》をしていました。実はこの『ふたりのロッテ』は岩波少年文庫の初版本で、そもそも子ども部屋の本であるはずなのが妹によって私物化されている、はっきりしない問題の本だったのです。

私の家では子どもが五人いて、子ども部屋の本棚は公共図書館みたいなもので、一冊一冊が誰の本とはきまっていない、家族全員の財産になっていました。にもかかわらず、百合子は『ふたりのロッテ』にかぎり、これは母が特別自分に買ってくれたのだと、小学校三年生のときからずーっと主張していたのです。私にはそれがルール違反と思えて、姉妹げんかのタネにもなりました。結局、私が結婚して家を出たので異議申し立ても立ち消えになり、妹の思い通りとなりました。そして私は、児童文学の同人誌「いたどりグループ」の仲間から結婚祝いに『ふたりのロッテ』も含め、特にほしかった岩波少年文庫を二十冊贈ってもらって、今も大事にしています。

さて妹は、さんざん迷ったあげく、もし高橋健二さんが気むずかしやでなくて親切そうな方だったらサインをして頂く、ときめて、当日、その曰《いわ》く因縁《いんねん》つきの、命から二番めに大切な『ふたりのロッテ』を絹のスカーフに包んで持参しました。

高橋健二さんは少しも気むずかしそうな方ではなく、妹の願いをこころよく聞いてくださいました。

はなやいだレセプションの会場で、妹がうやうやしくスカーフから取り出した『ふたりのロッテ』は、いつもより一段と黄ばみ、おかしいぐらい古ぼけて見えました。

子ども部屋時代からそれだけ歳月がたったのかと、いささか感傷的になった私は、もう所有権のことで妹に文句はいうまいときめました。『ふたりのロッテ』は私にとって、妹にとって、また家族みんなにとっても記念すべき本でした。なぜなら私たちは『ふたりのロッテ』のおかげで岩波少年文庫の存在を知り、その魅力にとりつかれたからです。

私自身、いつ、どこで、どうやって出会ったのやら忘れていたら、妹はちゃんとおぼえていました。私が初めて読んだ少年文庫は『ふたりのロッテ』で、中学校の図書室で読んできたというのです。

六三三制になったばかりの中学校は小学校に間借《まが》りしていて教室も不足していたのに図書室があったとは、いささか信じられないことですが、美術室のコーナーに有り合わせの本を少し並べて「図書室」と称していました。あのころの中学校はないないづくしだったのに形式だけは一応ととのえたのでしょう。『ふたりのロッテ』は発売を待って「図書室」に購入されたに違いありません。

その日、私は興奮して家に帰るなり、今日学校でとても面白い本を読んだと熱弁《ねっべん》をふるったそうです。三年生だった妹は、絵はあるの？　どんな絵？　字は？　自分にも読めるかと根掘り葉掘りたずねました。妹は絵のついた本が大好きでした。でもそのころ、絵のついた本なんてめったにお目にかかれなかったのです。

それで私が、ちょっとマンガみたいな絵がついている、漢字はあるけれどカナがふってあるというと、妹はもう読みたくてたまらなくなり、翌日、母と本屋さんにいって、あの『ふたりのロッテ』を買ってもらったということなのです。そのとき、六年生だった弟もついていき『宝島』（スティーブンソン作／佐々木直次郎訳）を買ってもらいました。思えば、一九五〇年、戦争が終わって五年目、岩波少年文庫の『宝島』と『ふたりのロッテ』は、弟や妹にとって生まれて初めて手にした、きれいな表紙のついた、厚みのある、そしてさし絵の入ったまさにピカピカの新しい本だったのです。

それからのことは、妹に聞かなくても、よくおぼえています。高校生の姉まで加わって、家じゅうが少年文庫のとりこになったのです。なにしろ、大へんでした。『あしながおじさん』（ウェブスター作／遠藤寿子訳）、『小さい牛追い』『牛追いの冬』（ハムズン作／石井桃子訳）、『りこうすぎた王子』（ラング作／光吉夏弥訳）、『ガリヴァー旅行記』（スウィフト作／中野好夫訳）、『クリスマス・キャロル』（ディケンズ作／村山英太郎訳）、『ドリトル先生アフリカゆき』（ロフティング作／井伏鱒二訳）――と次々に新刊が出るたびに、誰がいちばん先に読むか、その次は誰かと騒ぎになり、もしいちばんになればなったで、まわりから、まだかまだかとせっつかれ、わざとゆっくり読んでいると非難され、いっときも安閑《あんかん》としてはいられません。今でも初版本のアイヌ刺子の装丁を見ると、武者ぶるいが起きるぐらいです。

それまで本がなかったわけではないのに、どうして少年文庫ばかり引っ張りだこになったのでしょうか。姉の高校には蔵書数を誇る立派な図書室があって、姉はいつも何かしら文学書を借りてきていたし、中学生の私は父の本棚を利用していました。それなのに、少年文庫となると二人の目の色が変わりました。とにかく面白いのです。

読みだしたらもう、やめられません。それで、読むときは家族の目につかないところに身をひそめ、呼ばれても聞こえないフリをしました。また、少しでも気分が悪いとシメタ！と学校を休み、枕許《まくらもと》にありったけの少年文庫を積んで読みふけりました。

妹は読みすぎから近視になりかけ、毎日時間をきめて外で遊ぶよう父から命じられました。

運よく、妹は福島に駐留《ちゆうりゆう》していたアメリカ軍属のオムスビさんという人がスポンサーになっている小学生の作文コンクールで特賞をとって、賞品の自転車をもらったところでした。「本を読むより、自転車に乗れ！」と、父から特訓を受けた妹は、家のまわりを何周かするノルマを課せられていました。

妹の作文は、当時病弱だった母のところにきてくれるお灸《きゆう》の先生のことを書いたものでした。その先生は白いあごひげをはやし、フロックコートに山高帽《やまたかぼう》というい でたちの的《まと》で、三輪のついた自転車を乗りまわしていたのです。当然ながら、悪童どもの好奇の悪でした。作文がラジオで放送されると知って、私は友だちの手前、いささかきまりの悪い思いをしました。

父は、自分が近視と乱視で不自由しているため、子どもたちの読み書きするときの姿勢、光線にはとても神経質で、うす暗いところで背を丸めていようものなら「メガネをかけた女には、嫁のもらいてがないぞッ」と、カミナリを落としました。

2 思春期の心の糧として

私が『ふたりのロッテ』を読んだのは十五歳のときでした。戦時中、物質的にも精神的にも我慢を強《し》いられたせいか、それとも、思春期の特色なのか、不平不満が多く、感情の起伏が激しく、自分を持てあますことはしょっちゅうでした。

死んじまいたいと思ったり、自分はママ子かもしれないとか、家出したいとか、肺病になって高原のサナトリウムで詩作にふけりたいとか、修道院に入りたいとか、くだらないことばかり夢みていました。そのくせ、口八丁手八丁のおてんばで、欲ばりで食いしん坊で、行儀が悪く少しも女らしくないと、まわりのおとなを嘆かせていました。

そういうむずかしい時期に、少年少女のため選《え》りすぐられた世界各国の数々の児童文学の名著にめぐり会えたのは、幸運でした。

つむじ曲がりで反抗的な娘は、作家のあたたかい愛情、真摯《しんし》な生きかたにふれ、ユーモアに笑い、ファンタジーの世界で羽をのばして遊び、奇想天外な冒険をやりました。

精神も糧を必要とするといわれますが、少年文庫は私の太陽であり、新鮮な空気であり、土や水のようなものだったという気がしてなりません。本を読むことでわけのわからないイライラやしめつけから解き放され、身も心も開放されるのが自分でもわかりました。

『ふたりのロッテ』の、かつて味わったことのない新鮮な面白さに、これはぜひとも家族に報告しなくちゃならぬと家に飛んで帰ったのだと思います。まさに一大ニュースでした！

私はまず、ロッテとルイーゼの双子の姉妹が離婚した両親を元のさやにおさめるという、「おとなっぽい」話におどろきました。

それまで「離婚」が子どもの側にとって問題になるなど考えてもいませんでしたから。たとえ興味はあったとしても、子どもが口をはさんだりしてはいけないおとなの問題だと思っていました。それが正面きって取り上げられているではありませんか。離婚はおとなの側の身勝手で、その迷惑をもろにこうむるのは、子どもの側です。「なるほど！」と私は自分の頭を切り換えました。

そしてもう一つすてきなことには、ワルター・トリヤーの描くロッテのお父さん、ルートウィッヒ・パルフィー氏の蝶ネクタイをしめた横顔には、ぞくぞくするおとなの魅力がありました。この才能豊かな音楽家のパルフィー氏は、情熱的で神経質でわがままなところがあり、赤ん坊をうるさがっては妻をないがしろにします。また、妻も若くて夫をじゅうぶんに理解できず、結局ふたりは双子の赤ん坊、ルイーゼとロッテをひとりずつ引きとって離婚しました。

ルイーゼを引きとったケルナー夫人が編集者の働き口を見つけて、母子でつつましく暮らすのにひきかえ、パルフィー氏はなかなか羽振《はぶ》りがよく、ロッテを家政婦にあずけっぱなしで結構な独身生活を享受《きょうじゅ》しています。目下、イレーネ・ゲルラハ嬢と結婚寸前の仲でもあって、おだやかならぬ「おとなっぽい」雰囲気が充満しているので私はドキドキしました。

ケストナーは、おとな・子どもの区別をしないで、ありのままを公平に書いています。そして、教養あふれるユーモアが、少年少女の読者に対し実に紳士的で、大へん気分がよいのです。

ケストナーは、子どもを特別扱いして甘やかしたり、不必要な手助けはしません。でも、子どもたちが持つさまざまな能力を発揮させるチャンスは十二分に与えてくれます。ルイーゼとロッテは、ありったけの知恵を出しあい、両親のそろった幸福な家庭生活を取りもどすことに成功しました。

子どもがときとしておとな以上の働きをするのは、ものの見かた、考えかた、感じかたが素直でまともだからなのでしょう。

『点子ちゃんとアントン』にも、同じことを感じました。

こうして、ケストナーの『ふたりのロッテ』でカルチュア・ショックにも似た驚きを得た私は、次に読んだ『宝島』でまたまたびっくりしました。かつて読んだ『宝島』と、まるっきり違うではありませんか。なんてスケールの大きい、恐ろしい話でしょう。全編、潮と魚とタバコと酒の匂いがたちこめ、荒くれ男の罵声《ばせい》がとびかい、そこかしこに不吉な気配がただよって背筋が冷たくなりっぱなしでした。ジム・ホーキンズ少年の父親が営む宿屋「ベンボー提督亭」にやってきた船長を筆頭に、ジョン・シルバーを頂点として次々に登場する船乗りたちの強烈な個性と凄味《すごみ》。手に汗をにぎって冒険物語の醍醐味《だいごみ》に心酔しました。

以前、名作物語として読んだ『宝島』は、活字の分量からいくと少年文庫の半分もなく、子どもむけに粗筋《あらすじ》だけを書いたあっさりしたものでした。

『宝島』だけでなく『ガリヴァー旅行記』（スウィフト）、『イワンのばか』（トルストイ）、『ハイジ』（スピリ）、『ジャン・ヴァルジャン物語』（ユーゴー）、『トムじいやの小屋』（ストウ夫人)、『ピノッキオの冒険』(コッローディ)、『ピーター・パン』(J・M・バリ)などにも同じことがいえました。というのも、日本における海外児童文学の翻訳出版はかなりいいかげんなものが多く、改訳や再話では登場人物が精彩を失った別人です。『宝島』には、もう一つ忘れられない感動がありました。

読み終わったら、私はいつもの癖で、本をもう一度、すみからすみまで眺めなおしました。表紙、口絵、目次、さし絵、あとがき、奥付――活字に飢えて育ったおかげで、活字は一粒残さず拾わないと気がすみません。

すると、『宝島』の最後の最後、奥付の裏ページに「岩波少年文庫発刊に際して」と小さな活字がぎっしり詰まっているのを発見しました。編集者の声明文でした。

「――戦後、いたるところに見た草木の、あのめざましい姿は、私たちに、いま何を大切にし、何に期待すべきかを教える。未曾有《みぞう》の崩壊を経て、まだ立ちなおらない今日の日本に、少年期を過ごしつつある人々こそ、私たちの社会にとって、正にあのみずみずしい草の葉であり、若々しい枝なのである。

この文庫は、日本のこの新しい萌芽に対する深い期待から生まれた。この萌芽に明るい陽光をさし入れ、豊かな水分を培うことが、この文庫の目的である。――」

中学で勉強したばかりの平和憲法の前文と同じぐらいの感激でした。私たち少年少女が、こんなにはっきり期待をかけられたことがあったでしょうか。

周辺は、敗戦直後の改革されたばかりの学校教育のせいで、混沌《こんとん》としていました。教科書では、戦争、平和、自由、平等、民主主義について学ぶものの、どうもはっきりしません。なにしろ社会科の時間に侵略戦争の非を説いたはずの先生が、授業が終わると、戦場での武勇談《ぶゆうだん》を得々《とくとく》としてやりだすのですから。それがまた、男子生徒には大受けでした。

戦争が終わって、一夜あければ民主主義の御時世になっていたなんて、子どもにはそう簡単に理解できるわけがありません。ただ、こわいものなしの開放感だけはあって、私たちは中学生生活を自由奔放に楽しんでいました。先生のほうには、こんな少年少女に日本の将来をかける情熱や元気はなく、むしろ持てあまし気味だったのではないかとさえ思います。

そういう落ち着かない状態にあるとき、少年文庫は、少年期を過ごしつつある人々こそ、日本の新しい萌芽《ほうが》であると、力をこめていってくれました。『宝島』の興奮さめやらぬところに、もう一つ勇気づけられた私は、ふるい立ちました。

3 私の受けた情操教育

私の家では、何はなくとも本だけは欠かせない、といったところがありました。
そもそも、両親の新婚時代からして、大学の副手をしていた父の給料のほとんどは本代に消えていたそうです。それでも不思議なことに、ちゃんと食べられた、あのころは時代が良かったからなあーと、父はのんきに話してくれました。そして弟に「学者にはなるな、貧乏するから」といい、私たち娘には「学者のところには嫁にいくな」が口癖でした。学者の嫁は資産家の娘にかぎるというのです。
父は五人の子どもたちに、しょっちゅう「家は貧乏なんだぞ。不《ふ》相応《そうおう》な真似をさせるわけにはいかん」とか「プチブル趣味は大きらいだ」とかいいながらも、本、レコード、映画、音楽会などにはお金を使っていました。父も母も、子どもは情操豊かに育てなくてはならないという信念を持っていたからでしょう。

　戦争中、姉と私が札幌の祖父の家に疎開するとき、父がもっとも心をくだいたのは、情操教育が手抜きにならないかということで、そのために知人の家で不用になった子どもの本をもらい集め、りんご箱に詰めて持たせました。

　情操を育てるために、良い本を読み、良い絵を眺め、良い音を聞く、のは当然として、我が家の場合、そのほかにもまだまだ山ほどありました。

　庭の草取り、畑仕事、動物の世話、掃除、洗たく、つくろい物、裁縫、編み物、刺しゅう、台所の手伝い、来客の応対、要するに何でもかんでも情操教育の場にしてしまうのです。私には苦手なものばかりで、面白くない顔をすると、父は「お前の身のためになるから、やらせてやっているのだ」と、いばりました。「情操教育の名のもとに子どもをこき使う親」と姉は評しました。

　情操教育のおかげで、ずいぶん忙しい思いをしましたが、でも、今の中学生や高校生にくらべたら、とてものんびりしていました。本を読む時間はあったし、友だちとは存分に遊んだし、睡眠もたっぷり九時間前後はとり、自慢ではないけれど学校で居ねむりすることなどありませんでした。

　かくのごとく、情操教育に関してやかましいだけに、特に本についてはうるさい親だったと、思い出すだけでうんざりします。親たちは良い本ならいいが、くだらない本を読むぐらいなら草取りでもさせたほうがましときめていました。

母はセンチメンタルなお涙頂だいものは大きらいで、明るく素直でかしこい子どもの出てくる話が好きで、きょうだい仲よく、家族が信頼しあって助けあう物語をよしとしていました。文章にも一家言《いっかげん》あり、作家の好みもはっきりしていたようです。親類の女学校の先生がお土産にくれた立派な装丁の童話集を、この作家は下手だからと、本棚の高いところにしまいこんで知らん顔をしたりしました。私は母の留守に、引っぱり出してこっそり読むのを楽しみにしていました。兵隊さんの出てくる話や、日の丸の旗をふる話があったのだけおぼえています。

父がきらうのは不正確な絵でした。動物植物、風景など、ごまかしがあると感心できないのです。私が学校の図工で描いてくる写生についても同様で、いつも「ちゃんと見て描いたのか？」と聞かれ「いいかげんな見方をしている」と叱られました。

こういう両親の監視のもとで、岩波少年文庫は無条件で「良い本」の部類に入りました。『トム・ソーヤーの冒険』（トウェイン作／石井桃子訳）、『名犬ラッド』（ターヒューン作／岩田欣三訳）、『ふしぎなオルガン』（レアンダー作／国松孝二訳）、『ウサギどん キツネどん』（ハリス作／八波直則訳）、『ドン・キホーテ』（セルバンテス作／永田寛定訳）、『三銃士』（デュマ作／生島遼一訳）、『ばらいろの雲』（サンド作／杉捷夫訳）、『長い長いお医者さんの話』（チャペック作／中野好夫訳）、『星のひとみ』（トペリウス作／万沢まき訳）などなど、私たちは一冊読むごとに、その面白さに夢中になって、内容を父や母にしゃべりまくりました。感動を受けると胸にしまっておくのがもったいなくて、誰かに伝えないではいられません。

ある日、母が目を赤くして子ども部屋にあらわれ、「ハイジには泣かされましたよ」と、『ハイジ』（スピリ作／竹山道雄訳）を本棚に返していったことがありました。

子どもたちが面白いと騒ぐ本は、母もいつのまにか読んでいて、話の折りにトム・ソーヤーのポリーおばさんだの、ロビンソン・クルーソーだのが登場しました。また、私の弱点を「ジークフリートの葉っぱ」と称して、慰めたり、叱言のタネにもしました。これも、母が『ニーベルンゲンの宝』（G・シャルク編／相良守峯訳）を読んでいたおかげです。勇士ジークフリートは、龍退治をしたあと、龍のあぶらに体をひたしますが、運悪く木の葉が一枚背中にへばりつき、その部分だけあぶらに触れず、不死身になりそこないます。そのため、葉のついていたところに槍を投げられて死にました。

母によれば、人の欠点、弱点はすべてジークフリートの葉っぱだというのです。自覚して気をつけなさいと、説教されました。

母は子どもが五人いようと、情操教育の名目でお手伝いなど上手にしつけておいたので、本を読む暇ぐらいはあり、戦争で中断していた趣味の習字も再びやり始めていました。とはいっても本当は忙しくて大へんだったと思うのですが、ミシンをかけたり、料理をしたりする母はいつも楽しそうで、学校にも仕事にもいかないですむ、家でいちばん良い御身分に見えました。それで、私も早くおとなになって結婚したいものだと考えました。主婦の座におさまって家庭の主導権をにぎったら、万事は思いのまま。本を読む時間に不自由はしないでしょう。第一、もう情操教育だといってこき使われる心配はありません。お嫁にいくというのは、自由と独立を意味する魅力のあることでした。

4

戦争と子ども

一冊ずつふえていく少年文庫を、私たちきょうだいは門外不出《もんがいふしゅつ》のきまりをつくり大切にしました。そうしないと友だちに貸したきり、行方不明になるからです。
あのころは、友だち同士の本の貸し借りが盛んで、誰もがわずかな元手でたくさん読む方法をとっていました。学校に一冊持っていけば、友だちの本と順ぐりに交換して何冊も読めます。手作りの少女小説を元手にしている友だちもいました。
本の貸し借りは、ときどき、誰が誰に貸したかわからなくなって、それっきりになったり、友だちの弟妹に破かれたりして、もどらないこともあったのです。
少年文庫を門外不出にした私たちは、さらにどの本も特定個人のものとしないこと、たとえお嫁にいくときも持っていかないこと、を約束じました。けんかになると厄介《やっかい》だからです。

夕食どき、私たちは食卓で『小さい牛追い』のランゲリュード家のクリスマスの御馳走を思い出したり、末っ子のマルタの肺炎について噂をしたりしました。

末の妹の歯が抜けかわるころに、トム・ソーヤーのポリーおばさんのやりかたで抜いてみようと、妹に内緒で相談もしました。ポリーおばさんはトムの歯をきぬ糸でしばると、糸の一方のはしをベッドの柱にしばりつけて、不意に、トムの鼻先におき（薪などの燃えさし）をつきつけます。すると、トムはびっくりして顔を引っこめ、その拍子に糸が引っぱられ歯は抜けるという方法でした。が、妹は用心深くて歯をさわらせず、グラグラの前歯を母にきぬ糸でしばってもらうと、糸のはしを自分で持ち、少しずつ少しずつ引っ張って一日がかりで抜いてしまいました。

ハックルベリー・フィンの猫の死がいによるイボのとりかたも、イボができたらためしてみたいものだと話題になりました。

名犬ラッドやドリトル先生の家のダブダブ、ジップ、トートー、『クマのプーさん』（ミルン作／石井桃子訳）のお仲間は、もうすっかり我が家のおなじみでした。気がつくと家族みんなで物語に入りこんでいました。

そして私は、現代、特に第二次大戦を描いた物語に強くひかれました。そこには私と同世代の少年少女たちがいました。

『あらしの前』『あらしのあと』（ヨング作／吉野源三郎訳）、『パセリ通りの古い家』（イスベルト作／藤村宏訳）、『こぐま星座』（ムサトフ作／古林尚訳）、『銀のナイフ』（セレリヤー作／河野六郎訳）、『町からきた少女』（ヴォロンコーワ作／高杉一郎訳）といった本です。

私が国民学校でアンデルセン童話集を敵国の本だといって没収されたり、信州へ集団疎開する友だちとお別れ会をしたり、両親や弟妹と別れて疎開したりしていたころ、外国の少年少女たちはどういう生活をしていたのでしょうか。大へん興味のあることで、これらの本をせっせと読みました。

オランダ、スイス、ポーランド、ドイツ、ロシア、どこの国でも初めにくりひろげられるのは、平凡で平和な生活です。家庭、学校、地域社会があり、野原や森や川があって、四季の移り変わりとともに子どもたちは育っていきます。戦争さえなければ、日本も外国の子どもも似たり寄ったり、同じように暮らしているのです。ただ、戦争が起きたため状態は刻々《こくこく》と変わりだします。離れ離れになる家族、故郷を追われて見知らぬ町に移り住む人々、住宅難食糧難から人間不信になる人々、レジスタンス運動に入っていく少年、進学をあきらめて一家の柱となって働く少年少女たち、空襲《くうしゅう》で家も肉親も失った子どもたち、戦争になれば、どこの国でもまた同じようなことが起きるのです。

人々の生活が、平和で幸せであればあっただけ、戦争で受ける傷手《いたで》は深く、苦しみも増します。そして家族の愛がこまやかであるほど肉親の死は悲しいものになります。私は戦争を体験した子どものひとりとして、どの本にも他人事とは思えないつながりを感じました。戦時下ではきわめて日常的だった、ほんのちょっとしたことが、同じ体験として私にもよみがえってきます。まさに涙なしでは読めません。そして、これこそ私のいいたかった戦争だと気がつきました。特に『あらしの前』『あらしのあと』に強くひかれました。

オランダの静かな片田舎に住む開業医ファン・オルト家では、社会奉仕を学ぶ長女のミープを頭《かしら》に、音楽家志望で村の教会のオルガンを弾く長男のヤップ、医者になりたいのだけれども勉強が苦手で悩む次男のヤン、感受性の強い次女のルト、いたずらざかりの末っ子のピム、五人の子どもたちが両親と暮らしていました。幸福な家庭の典型ともいえる一家が、ナチス軍の侵入で苛酷《かこく》な試練を受けることになります。しかし、オルト家の両親は、恐ろしいナチス占領のあいだも戦後の混乱と虚脱《きょだつ》のときも決して冷静さを失いません。身をもって、子どもたちに人間としてあるべき姿、正しい生きかたを示します。

吹き荒れる嵐のように凄まじかった戦争、オルト家の子どもたちは危険と苦しみから解放されたものの、心にはさまざまな深手を負っていました。嵐のあとから立ちあがるのは並大抵ではありません。まず自分自身とのたたかいが始まります。そして、いつも変わることのない家族のあたたかさ、信頼、両親の愛情をささえに自分を取りもどしていったのでした。

この二冊に分かれた物語を読み終わって、私はもう口がきけないほど感動していました。もはやオルト家の人々とは一歩も離れられない思いで「あとがき」を読むと、何と、あなたもヨング夫人に手紙を書きませんかとアメリカの住所がのっているではありませんか。

書く決心をしました。作家に手紙を出すなんて生まれて初めて、しかも英語です。父の大きな和英辞典を頼りに書きました。

何を書いたか忘れましたが、ヨング夫人は返事を下さいました。タイプで打ったサイン入りの手紙でした。お礼の手紙を出すと、今度はヨング夫人自筆の手紙を下さいました。その手紙には、地球上から戦争がなくなって、私たちの子どもや孫が、戦争とは何か？　とたずねる時代になってほしい、と書かれていました。ひときわ大きくWARとあったのをはっきりおぼえています。

それを読んだ私は大へんびっくりしました。たとえこれから先のことにしても、この世に戦争を知らない人間が存在するとは、とても考えられなかったのです。作家というのは途方もないことを考えると、感心しました。

ところが、それから十年の後、私は三歳のむすこに突然、戦争ってなあに？　と聞かれたのです。ハッとしました。ヨング夫人のいった通りになったではありませんか。

残念なことに、地球上ではいまだに戦争をしている国があって、戦争という語いがむすこの耳にも入ったのでした。それも、男の子の闘争心をかきたてる何か面白いことのようにです。国と国とのけんかといえば、むすこは目を輝かせて勇《いさ》み立つにきまっています。スリルにみちた冒険の世界を想像するでしょう。

そこで、戦争になると親子はいっしょにいられなくなる、家が焼ける、友だちは死ぬかもしれない、食べる物も着る物もなくなると説明しました。むすこは私の手をにぎりしめ、目に涙をためてじっと聞いていましたが、一大決心をしたように、こういいました。「それでもやっぱり、ぼくは戦争にいく！　敵をやっつけて、みんなを守ってやらなくちゃならない！」

私はつくづくと、子どもに戦争を説明するのは本当にむずかしいと思いました。それだけにけっして油断できません。

八月十五日がくるたび、私はヨング夫人の手紙と『あらしの前』『あらしのあと』を思い返します。そしてもう一冊、大好きな『パセリ通りの古い家』を本棚から取りだします。

ドイツの子どもたちも戦争でひどい目にあいました。

レヒョウ夫人と四人の子どもたち（本当は五人いたのですが、ひとりは射殺されました）、マチアス十五歳、マルグレート十四歳、女学生のアンドレアと小学生のヨッヘンは、戦争で故郷だった東北ドイツのポンメルンを追われポーランドの収容所に入ったあと、避難民になって西ドイツの廃墟《はいきょ》の都会で生活を始めます。子どもたちの父親は医師で、ロシヤに抑留《よくりゅう》されたまま生死は不明でした。

一家は住宅局の斡旋《あっせん》でパセリ通りの古い家に間借りします。家主の未亡人は気むずかしやで、最初は何かと文句をつけてきますが、気質の良い子どもたちとレヒョウ夫人の控え目であたたかい人柄に、次第に厚意的になります。

レヒョウ夫人は、貧しくても苦しくても決して不平をいわず、子どもたちに喜びを与えることを忘れません。夜、節電の暗やみでは楽しいお話をし、誕生日やクリスマスには廃物利用の手作りプレゼントを用意します。それに、子どもたちと声をあわせて合唱だってできます。そして、レヒョウ夫人はいつも自分たちよりも、もっと困っている人々のことを考え、心を痛めました。こういうお母さんですから、子どもたちはどんな辛い目にあってもくじけません。子どもらしさを失わず、明るくて素直で朗らかです。敗戦国ドイツの、この辛酸《しんさん》をなめつくした母と子の物語には何とたっぷり豊かさがあるのでしょう。

その昔、自分も戦争を体験した子どもとしてルトやマルグレートに共鳴した私は、いつのまにか子を持つ母親として、オルト夫人やレヒョウ夫人に共感をおぼえるようになりました。一語一句には作家の書かずにはいられない気持が張りつめているように思えてなりません。

5

幸福な家族とは

少年文庫で、私はたくさんの家族にめぐり会いました。『四人の姉妹』（オールコット作／遠藤寿子訳）、『銀のスケート』（ドッジ作／石井桃子訳）、『おばあさん』（ネムツォヴァ作／栗栖継訳）、『ふくろ小路一番地』（ガーネット作／石井桃子訳）、『長い冬』（ワイルダー作／鈴木哲子訳）、『秘密の花園』（バーネット作／吉田勝江訳）、『点子ちゃんとアントン』（ケストナー作／高橋健二訳）、『小さい牛追い』、『ゆかいなホーマーくん』（マックロスキー作／石井桃子訳）。

ことばや習慣、風土そして時代は違っても、そこには私たちの家族と一脈相通じるものがあり、世界のどこへいっても家庭は同じ、人も同じと思いました。おとなでも子どもでも心の奥底で求めているのは幸福な家庭ではないでしょうか。最後はそこに落ち着くような気がしてなりません。それも、肉親や身内だけが集まる閉鎖的な家ではなくて、どこの誰が訪れても家族同様にあたたかく迎え入れてくれる間口《まぐち》の広い大きな家庭です。

愛情と信頼で結ばれた、思いやりのある人間関係は、まず家庭でしっかり土台ができて、それから隣人に向けられていきます。その成長の過程が少年少女の文学ではくわしく生き生き描かれて、文学としての質を高め、面白さの要因になっていると思います。決して、安直なホームドラマではありません。

子どもたちは実に厳しく鍛えられます。親、きょうだいとの葛藤、友だちとの軋轢《あつれき》、誤解したりされたり、腹を立てたり後悔したり、まったくこの世は思い通りにならないと誰もがうんざりしています。でも、良いことだって、ちゃんとあります。だからこそ人生は素晴らしく、生きることは楽しいのではないでしょうか。

私が中学、高校生のころ、少年文庫を読んでいつも感動したのは、そこに信頼できる立派なおとなが存在していることでした。おとなたちは不安定で気むずかしい年頃の読者を十二分に満足させてくれました。ことに、理想としたくなる魅力あふれる「おとな」の女性たちに出会えたのは幸いでした。

かつて、私の母が日本の少女小説には賢い女性が出てこないと嘆いたのも無理からぬことで、タイプはおおよそきまっていました。美人でやさしく従順で、夫のため子どものためなら自分を犠牲にして何ごとも耐え忍び、無理がたたって病気になって死んでしまうという、涙、涙にかきくれるのが少女小説の典型だったと思います。

戦後せっかく得た男女同権も婦人参政権も、女性が一人前の「おとな」として通用する実力を持たなかったら意味がありません。

少年文庫でオルト夫人やレヒョウ夫人、『四人の姉妹』のマーチ夫人、『長い冬』のローラのお母さん、『秘密の花園』のサウァビのおかみさん、『点子ちゃんとアントン』の母子家庭で生きぬくお母さん、『小さい牛追い』『牛追いの冬』のランゲリュード農場のお母さんたちに会った私は、女性だって男性以上に優秀であると気をよくしました。この女性たちはみな、芯は強いけれども柔軟なあたたかい心を持ち、生活を明るく楽しいものに創造していく、まるで魔法のような力をそなえています。そして、共通点がたくさんありながら実に個性的です。

封建的男尊女卑の風潮に逆らう十代の私は読書を通して敬愛すべき女性に出会い、喜びで、希望と自信を持ちました。

そこでもし、好きな本にもぐりこんで、その人たちといっしょに暮らせたら――と想像したものです。まっさきに『小さい牛追い』たちのいるノルウェーの谷間のランゲリュード農場にいこうときめていました。

ここの四人の子ども、オーラ十歳、エイナール八歳のふたりの男の子と、その下のインゲリドとマルタふたりの女の子は、おとなりの家のヤコブ、アンナ兄妹と日がな一日、農場のまわりをとびまわって、それはそれは愉快にすごしています。美しい自然、愛情深い両親、気のあった仲間、この三拍子がそろえば子どもたちは天国にいるようなものです。

農場には牝牛が四頭いて、子どもたち各自が飼主になっています。農場は小さいのですが山の上に広い牧場を持っていて、毎年春から秋まで、よその牛や山羊をあずかって放牧させていました。夏、一家は山の上の牧場で生活し、オーラとエイナールは生まれて初めて牛追いの仕事をまかせられます。ふたりは雨の日も風の日も家畜の群を連れて山へ出かけ、いろいろな冒険をしました。

冬は、子どもたちのおおらかな学校生活、クリスマスの休み、町から友だちがきて都会の子と田舎の子の騒動が起こったり、マルタが重病になったあと暴君に変身して家族を手こずらせたり、次々と事件がもちあがります。

でも、ランゲリュードのお母さんはいつもゆったりとしています。いたずらざかりの子どもを四人も抱え、家事すべてから農場の仕事、家畜の世話（四頭の牝牛の世話も実際にやるのはお母さんでした）と、目がまわるほど忙しいのに、少しもぐちをこぼしたりイライラしたりしません。

どの子も、のびのびと好き勝手なことをしていて、困った目にあうとお母さんのふところに飛びこんできます。するとお母さんはすぐその場で、この悩める子羊をやさしく迎え入れてやるのです。その手際のよさ、こまやかで鋭い目くばり心くばりは、ため息が出るほど見事です。子どもたちの勉強がどうであろうと、ボタンを全部もぎとってしまおうと、寒い中裸でインディアンごっこをしようと、子ども同士でなぐりあって血を流そうと、お母さんはビクともしません。

　このランゲリュードのお母さんこそ母親のかがみではないでしょうか。そして四人の子どもたちは、子ども本来のあるべき姿そのものです。何べん読んでも感心します。

6 素晴らしい語り手

少年文庫で私は作家の名前を親しみをもって身近に知りました。

宮沢賢治『セロ弾きのゴーシュ』、千葉省三『とらちゃん日記』、井伏鱒二『しびれ池のカモ』、中野重治『おばあさんの村』、壺井栄『坂道』、木下順二『日本民話選』など、そして錚々《そうそう》たる翻訳家の高名もおぼえました。

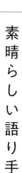

新刊が出ると、原作者の耳なれない外国名よりも訳者名から内容に見当をつけました。

たとえば、石井桃子さんとあればもう、私はたちまち御馳走を目の前にした腹ペコの子どもといった状態になりました。御馳走は見えなくても、あたたかい湯気が立ちこめ、何かしらとてもおいしそうな匂いがしてきます。このとき妹に先取りされて、おあずけを食おうものなら気も狂わんばかりになりました。そして、やっとありつけたときの喜び、幸福感は大へんなもので、読み切ってしまうのが惜しく、わざとチビリチビリと読み、終わると最初から読みなおし、あちこちで立ち止まってはまた何べんも読むといったあんばいでした。『クマのプーさん』も『小さい牛追い』も『ムギと王さま』（ファージョン作／石井桃子訳）も『トム・ソーヤーの冒険』も。

少年文庫で外国の作家の本をたくさん読みました。外国にいったこともなく、もちろんことばもわからないのに世界中の本が読めるとはなんてありがたいことでしょう。翻訳のおかげです。

すぐれた語り手は、聞き手にわかることばを選び、物語の持つ面白さ楽しさ芸術性をあますところなく伝えてくれます。

文字さえ読めれば語り手がつとまるというものではありません。翻訳となればなおさらのこと、どんなにかむずかしいだろうと思います。

妹が高橋健二さんに憧れたのも、『ふたりのロッテ』という世にも面白いお話を語って下さったからです。

私たち読者はケストナーの『飛ぶ教室』や『エーミールと三人のふたご』で高橋健二さんのお声を聞き、『クマのプーさん』では石井桃子さんのお人柄にふれ、井伏鱒二さんの語る『ドリトル先生』に我を忘れ、この目でオシツオサレツを見ました。

しかしその一方では、相も変わらず名作物語のずさんな翻訳、勝手な改ざん、お手軽なアニメ化、テレビ化も行われ、これでは世界児童文学の宝庫がガラクタに変わってしまうのではないかと気がもめます。それだけに、少年文庫が意図してきた、翻訳はあくまで原作の真の姿を伝えるという名作にふさわしい定訳が、いっそう広く読まれるよう願っています。その面白さの違いは幼い子にもわかります。

わざわざ幼児むきに短く書きなおされた話よりも、具体的に目に見えるように書かれている原作のほうが、面白いのです。全部読むのに三日かかっても一週間かかっても子どもは平気です。私はむすこと『ニールスのふしぎな旅』（ラーゲルレーヴ作／矢崎源九郎訳）をたっぷり一ヶ月楽しみました。

7

『いやいやえん』に至るまで

私は少年文庫から多大な影響と恩恵を受けました。何といっても最大の魅力は、さまざまな子どもたちが生き生きと描かれていることです。子どもそのものの面白さ不思議さが、私の進路をきめました。子どもを相手にする保育士です。

きっかけは、セツルメント活動家で隣保館の生みの親『ジェーン・アダムスの生涯』（ジャッドソン作／村岡花子訳）でした。

十代のころ私は、平穏無事な生活よりも、ドラマチックな人生に憧れました。力のかぎり何かをやってみたい、チャンスさえあれば多分かなり立派なことができるのじゃないか――想像するぶんには自信がありました。ですから、シカゴの貧しい移民たちに生きる力を与えたジェーン・アダムスに、胸をときめかせました。

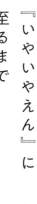

そこで児童福祉法施行と同時に創立された東京都立高等保母学院を受験して合格、戦後、最悪の混乱状態のとき戦災孤児や引き揚げ孤児、母子家庭の救済と保護に奔走された先生たちから、福祉について学びました。講師陣は戦前戦中戦後の困難期に恵まれない子どもたちを守り抜いた強者《つわもの》ぞろいでした。

乳児院、養護施設、障害児の療育施設、小児科病棟の見学と実習もしました。また、セッツルメント活動が戦前から東京にあったこと、「保育理論」の先生が女子大生のときにセッツルメント活動をしていたことも知りました。

上級生が活動に加わっていて、二、三度ついていったのですが、雰囲気になじめなくて、私のジェーン・アダムス志向はあえなく失格しました。

あとでこの『ジェーン・アダムスの生涯』が楽天的に書かれすぎているという批評を読みましたが、たしかに現実はもっともっと厳しく、勉強するほどに自分の考えの甘かったことがわかりました。『あしながおじさん』の孤児院にしても、ジルーシャの背景にひそむ苛酷さに全然気がつかなかった私は、なんともめでたい文学少女でした。

さて、二年間の勉強を終わった私は、いたって平凡なコースをとりました。ドラマチックを求める夢はさめ、東京でいちばん、のどかな保育園につとめたのです。主任保母にしてくれるという条件が気に入ったからでした。力いっぱいやれば何だってできる自信だけは、持ち続けていました。そこで、張り切って原っぱの真ん中にあるできたての小さい無認可保育園へ面接を受けにいきました。小柄できれいな女性が保育園の主、天谷保子先生でした。私は主任保母になりました。『いやいやえん』のちゅーりっぷほいくえんの始まりです。保育士は、はるのはるこ先生となつのなつこ先生ふたりというわけです。

が、ともかく、保育園につとめてからは本で出会った子どもたちが私の指南役になりました。少年文庫は、子どもを知る上で最良の心理学入門書であり育児の教科書です。しかも、こんなに楽しい勉強方法がほかにあるでしょうか。

私は愛読した本を保育園の子どもたちと読み、母親になってからはむすこにも読みました。少年文庫のなかでも『私たちの友だち』（バイコフ作／上脇進訳）、『ニールスのふしぎな旅』、『おにごっこ物語』（エーメ作／鈴木力衛訳）、『チポリーノの冒険』（ロダーリ作／杉浦明平訳）、『長い長いお医者さんの話』、『ウサギどん　キツネどん』は幼い子にもよくわかる話でした。

子どもたちはお話の筋よりも、お話の内容が絵になって心にうつるのを楽しみます。結末よりも過程が大事です。

『私たちの友だち』は、みんなが大好きでした。バイコフはロシアの博物学者で、子どものころから動植物を愛し、いろいろな動物といっしょに生活していました。ロシアという国柄もありますが、そのスケールの大きさは、目をまわしそうなくらいです。

少年少女のために書いた『私たちの友だち』には、実際に馴らしたのも含めて二十九の動物の話がのっています。コウノトリ、カササギ、サル、イノシシ、オオカミ、コウモリ、トナカイ、ムササビ、クマ、カメレオン、オオヤマネコ、キツネ、ヘビ、マングースといった顔ぶれです。動物の生物学的特質、習性、人間との関係、バイコフとの出会いから別れまでを正確克明に描いた、おとなにも子どもにも面白い、動物文学の最高傑作です。

それだけに、なかの数篇を、ほかの出版社が子どもむき『動物百話』の形で、珍談奇談の一口ばなしに書きなおしたのは残念でした。バイコフの精神は無視され、動物たちは別ものに変わり果てていました。子どもたちは、百の話よりも二十九の「ほんもの」の話をせがみました。

何でもかでも適当に短くし、数だけはたくさん集め、早いところ読ませてしまえ——というのは困りものです。子どもの想像力や考える力を無にしてしまうでしょう。「名作物語」を子どもむきに書き変える必要はありません。そのうちに必ず、読めるようになるのですから。それに、原作の真の姿のほうが、ずっと面白く、わかりやすいのです。

少年文庫から受けた大きな恩恵が、もう一つあります。そのころ朝日新聞の家庭欄で女性サークル訪問記連載が始まり、童話の同人誌グループが紹介されました。メンバーに岩波書店勤務のいぬいとみこさんという人がいます。少年文庫の編集をしているというではありませんか。私は興奮してすぐ手紙を出しました。すると、いぬいさんからお返事があって、仲間に入れてくれました。

私はいぬいさんの顔を見て、話を聞くだけで満足だったのに、同人になった以上は書かなくてはなりません。いざ書いてみると、まことにむずかしく、陳腐《ちんぷ》きわまるつまらない童話になって閉口しました。

学校を卒業して保育園につとめた年、その同人グループは解散し、いぬいとみこ、小池タミ子、小笹正子、鈴木三枝子、私の五人で「いたどりグループ」を作りました。私以外の人たちはみんな三十代の立派なキャリア・ウーマンでした。そして、ひとりの作品で一冊ずつ、いたどりシリーズの形で同人誌を出していくことになり私に番がまわってきたとき、「せっかく保育園につとめたのだから、幼い子のためのお話を書いてみたら？」と、いわれたのです。

では、どういう話を書いたらいいのでしょう。ひとり一冊の責任に押しつぶされそうになりながら、ガムシャラに書いては消しをくり返しました。何とか形になったので同人たちに読んでもらうと、「面白いけど生活記録で、創作ではない」といわれました。それからまた数回書きなおし、やっと同人たちのあいだをパスして『いやいやえん』がいたどりシリーズで出ることになりました。ところが、表紙やカットを専門家に頼む資金がありません。そこで窮余《きゅうよ》の策、高校生で美術部員だった妹にチョコレート一枚のお礼で描いてもらいました。これが妹の山脇百合子とコンビを組んだ始まりです。

いずれにしても、いぬいさんに会えたからこそ書けた『いやいやえん』でした。いぬいさんを通して、石井桃子さんに『いやいやえん』を読んで頂くこともできました。

妹とふたりで初めて荻窪の石井桃子さんをたずねたとき、道に迷って交番で聞くと、年配のおまわりさんが「ああ、ノンちゃん雲に乗るだね」と、教えてくれました。

私たちは「あのおまわりさんも読んだのかしら」「そりゃ、読まない人なんていないでしょ、あんなに面白い本!」と話しながら石井さんの家につきました。

『いやいやえん』は福音館書店で出版されることになり、私と妹は岩波少年文庫の産みの親であり編集者でもいらした、石井桃子さんから本の作りかた、文章や絵について大事なことをたくさん教えて頂きました。

『ふたりのロッテ』を初めて読んだ日から、ほぼ十年目でした。

みどり保育園のこと

1

子どもはやる気のかたまり

私は一九五五年から閉園する七二年まで、世田谷区の住宅地にあったみどり保育園で保育士をしていました。二歳児から就学前まで六十名、保育士は園長を入れて四名の、小さな無認可保育園でした。

幼児教育はどうあるべきか、真剣に考え精いっぱいやってきたつもりです。そしてそれが私の創作意欲をかきたててくれました。『いやいやえん』も『ぐりとぐら』も、『ももいろのきりん』（福音館書店）『こだぬき6ぴき』（岩波書店）も、みどり保育園があったからこそ書けました。私にとって保育園の子どもたちが、世界一厳しい先生だったと感謝し、この立派な先生たちを誇らしく思っています。

園長のはるのはるこ先生——本名は天谷保子先生は、保育士になりたいという夢を結婚十年目にして実現させた、主婦の変わりダネです。それも愛妻家の御主人より結婚十周年記念の贈り物として理解と協力のもとに得た「保育園」だったのです。小柄でしとやかな天谷先生は一見したところ、ごく普通の家庭婦人ですが、なかなか強い人で、信念と忍耐のかたまり、いったんこうときめたら最後、テコでも動きません。たとえ相手が泣きわめく子どもであろうと、恐ろしげな大男であろうと、通すべき筋は必ず通しました。それも決して目をつりあげたり居丈高になったりしないで、相手を思いやりながら上手にやりぬいてしまいます。

天谷先生の場合、子どもが好きといっても並みの「好き」とは少々違い、子どもはかくあるべしの理念を持って、保育園を始めたのでした。また、いくら好きな仕事とはいえ、幼い子どもの命を預かり育てるのですから、相応の心がまえと覚悟があったに違いありません。いつも、全責任は園長にあると、真剣そのものでした。

天谷先生には、感情に溺《おぼ》れない、衝動にかられない冷徹《れいてつ》さがあり、心はあたたかくても頭は論理的、幼児教育には打ってつけの人でした。その上、合理主義者で行動派で、どういうときも子どもの側に立って事態を見つめ、それが子どもの幸せにつながるかどうか素早く見極めて判断を下しました。この非常にはっきりした姿勢が父母たちへの説得力となっていたようで、私も子どもたちも毎日心おきなくのびのびと、やりたいことをやっていました。その結果、既成概念にとらわれないで、子どもの発想にたくさんの貴重なヒントを得た保育ができました。

　天谷先生はまた、何かにつけて「もし、私が子どもだったら、どんな気持ちがするだろうか」「もし、私が親の立場にあったら、どう思うだろうか」とはんすうし、子どもにはもちろん、親にも悲しい思いや辛い思いをさせてはいけないと、保育者の無神経と傲慢《ごうまん》をいましめていました。

　大事な我が子を赤の他人にあずけるとは、どんなに勇気のいる大へんなことか！　というのが天谷先生の口ぐせでした。だからこそ、親に安心と納得のゆく、そして子どもにとっては家庭にいる以上に居心地のよい、楽しい保育をしなくてはならないのです。まず、保育士が仕事を愛し、楽しむこと！　みどり保育園の方針でした。

　それに天谷保子流の胸算用《むなざんよう》によると、保育園は営利的に儲かる仕事じゃないので、楽しまなくては割りがあいません。

　確かに、明るく生き生きした子どもたちを眺めるのが保育者の楽しみであり、子どもたちが心身ともに元気に育ってくれるのが喜びです。とはいっても、幼い子たちと楽しく充実した日々を過ごすのはやさしいようでむずかしく、苦労のタネはつきません。でも報いられる苦労ばかりでした。

　ですが保育の面ではすべて思い通りにいっても、経営には困難がついてまわりました。一応、認可申請はしたものの、こちらが考えるようにいかなくて取らないまま続け、一九七二年に閉園しました。もう無認可保育園の時代は終わったというのが引退の弁でした。世田谷のあちこちに公立の素晴らしい保育園がどんどんできてきました。

みどり保育園で私は最初から、主任でした！　天谷先生がひとりで始めたところに学校出たての私が雇われ、ちゅーりっぷほいくえんの原型、はるのはるこ先生となつのなつこ先生のふたりが揃った次第です。学校で勉強してきたことを全部役立ててほしいと、保育いっさいが私にまかされました。そして、子どもたちが毎日喜んで保育園へくる保育、欠席児がひとりも出ない保育をやるようにといわれました。主任は保育以外の仕事雑用は一切しないでよいというのです。

おかげで十七年間、私はひたすら職務に忠実に、脇目も振らず子どもだけを見つめてきました。楽しかったはずです。


幼児はたったひとりを見ていてもかわいくて面白いけれど、二人三人とふえるとさらにかわいさ面白さは倍増します。そしておとなの踏み込めない子どもだけの世界が完成、ひとりひとりが個性をぞんぶんに発揮し、とっておきの姿を見せてくれました。

遊びながら育つ時代、子どもの心は本当に自由で、いつも無限に広がる世界に身を置き、想像力を働かせ、ありとあらゆる冒険をこころみます。毎日が愉快でたまらないのは当然、寝るのを泣いていやがるはずです。

成長することが子どもの天性といわれますが、幼児期にはとてもはっきりしています。

この時期の子どもたちに共通するのは、やる気のかたまりということ。昨日できなかったことが今日は少しできるようになり、明日はもっと上手になる、まさに進歩あるのみ、子どもたちは自信と希望を持ち意欲にあふれています。昨日飛び越せなかった五センチのつみ木を、今日は跳べたといって顔を輝かせ、今度はもう一つつみ木をかさねようと張り切ります。昨日は恐ろしくてぶらさがれなかった鉄棒に、今日は泣きながらでも五つ数えるあいだぶらさがったと、もう嬉しくて笑いが止まりません。こんな感激がしょっちゅうあるので、毎日、とても楽しいのです。

それから、子どもは大へん知りたがりやです。知識欲旺盛で研究熱心、ものおぼえも早いときています。それは、はたからヤイヤイいわれて身につけたものではありません。あくまで子ども自身、生活していく上で、つまり遊びを充実させるため——必要に迫られて体得します。すぐに役立つことばかりです。字も数も、これは便利だと思えばこそ、おぼえてしまいます。

新米の私が見ても、幼児は遊ぶほどにたくましく賢くなるというのがよくわかりました。感情も豊かになります。子どもたちは何事もまず心で受けとめ、それからゆっくり理解していくのではないでしょうか。

幼児期は、心を育てる時代ともいわれます。それだけに、感じる力を引き起こす精神の糧《かて》をじゅうぶんに与えなくてはと思います。

子どもたちは想像したり空想したりすることを楽しみますが、それにはやはり心の糧となる喜びや感動が必要です。

2

遊びを充実させる

子どもの遊びと成長は切っても切れない関係にあります。しかし遊びのありかたによっては、ゆがんだ成長をするかもしれません。

問題は質です。子どもの欲求を満足させ、心身を正しくのばす、ほんものの遊びを考えることが幼児教育の根本ではないでしょうか。保育園も幼稚園も本来、幼児たちの抱く、より良い方向へのびたいと望む生命力にこたえるためにあるのだと思います。

園にいけば、体力的にも知力的にも対等の仲間がいて、遊びの場があって、道具も用意されていて、先生という信頼できるおとながいて、その保護のもとに安心して羽をのばし、家庭では味わえないスケールの大きい遊びができます。

つみ木にしても砂場にしても、おにごっこやかくれんぼ、ハンカチおとし、狩人さん、ままごと、はないちもんめなど、家にいて遊ぶのより何倍も面白いはずです。絵を描き、粘土をこね、紙を切ったり、はったり、お話を聞き、絵本を見、歌をうたい、体操したり行進したり、おどったり、器楽合奏するのも幼い子どもにとっては楽しい遊びです。上手になろうなんて下心があってやるのではありません。でも、上手にできれば嬉しくて一所懸命になります。さらに意欲もわいて次の段階に挑戦をこころみたくなります。

人間の一生で、これほど幸福なときがあるでしょうか。この成長する喜びにみちているとき、心身をしっかり育てておけば、これから先、人生の荒波を乗り切る力となるに違いありません。

みどり保育園の子どもたちは実によく遊びました。その自由自在な発想と展開、豊かな想像力と創造力に私は圧倒されっぱなしでした。

そして保育園には、いろいろな子どもがやってきました。十人十色、六十人六十色です。

のんびりや、せっかち、気弱、勝ち気、神経質、強情《ごうじょ》っ張《ぱ》り、がんこ者、引っ込み思案型、でしゃばり、無口、おしゃべり、お人好し、けちんぼ、慎重派、愛想の良い子もいれば悪い子もいます。すぐ笑いだす子もいるし、すぐ涙の出る子もいます。ひとりひとり違います。そしてどの子にも必ず長所と短所があります。子どもたちはみな、正直ですから欠点を恥じたり隠したりしません。ありのままの自分で正々堂々としています。一癖も二癖もある人たちが集まるからこそ、友だち関係が活気づき、バランスがとれるのではないでしょうか。お互いに影響しあい、さまざまなことを学びあいます。

赤ちゃんの時代を卒業した子――乳離れをした子は母親の腕から飛び出し、一人前の子どもになって、子どもの世界に入っていきます。自分は自分以外の何者でもないことを自覚し、一個の人格として参加するのです。

子どもの世界では子どもひとりひとりが主役で、主導権は各自が持ちます。ですから、自分の目で友だちを見、自分の耳で友だちの話を聞き、自分のことばで語らなければ、誰も受け入れません。主体性のない子どもは遊ぶのが下手です。

私は保育経験から、幼児教育すなわち遊びの充実と考えます。保育とは子どもたちをどうやって遊ばせるか、この一言につきると確信します。

ところが、これには反対意見の人もいます。保育園でアンポ反対ごっこが盛んだった一九六〇年のころ、九州から越してきたばかりの天衣無縫《てんいむほう》なＩ子ちゃんが突然、一糸乱れぬマスゲームで有名な幼稚園へ移っていきました。「人間は子どものときから勉強の習慣が大切だ。みどり保育園で遊び癖がついては困る」というお父さんの考えによるものでした。I子ちゃんは幼稚園にいった早々、頭にブランコをぶつけられて大怪我をしました。そのとき先生は見ていなかったのか、夕方お母さんがI子ちゃんの血ノリで固まった髪に気づいて外科に連れていったら、三針も縫う怪我だったそうです。

その後も、I子ちゃんは怪我ばかりしてくるとお母さんはこぼしていました。勉強の習慣がどうなったかは聞かずじまいでした。

また、十数年前、ある地方で開かれた幼児教育の研究会に招かれ「幼年文学の世界」について話をしたときです。幼児と文学との関わりあいの根底には遊びの世界があると考える私は、子どもは遊びながら育つ点を強調したくなります。

すると、ベテランとおぼしい中年の幼稚園の先生が手をあげ「失礼ながら、オオカミ少年を御存じですか」と質問してきました。私はてっきり『ジャングル・ブック』（キプリング作）の主人公モーグリ少年と早合点して「知っていますとも。あの本は本当に面白い」と答えました。が、質問者は、とんでもないという顔で「幼児をそんなに遊ばせてばかりいると、退行現象を起こして、みんなオオカミになってしまいます。幼児に大事なのは学習させることです」といってすわりました。彼女がいったのは、インドの山奥で発見されて評判になったオオカミ少年のことだったのです。

子どもを遊ばせておくとことばの発達が遅れて「ウオー」と吠えるようになり、歩くことを忘れて四つん這いになり、衣服を脱ぎ捨て、昼間は警戒して外出しないで、夜になると活動を始めるとは！

なるほど、よく遊ぶ子は確かにオオカミになるでしょう。しかし、トラにもライオンにも、有史以前のティラノザウルスにだってなります。賢明な子どもほど空想を楽しむのですから――といいたかったのですが、質問した先生が余りにも大真面目だったのでいいそびれました。

同じ幼児教育にたずさわりながら、この、とんだオオカミ違いはお互い理解しあうことはなさそうです。

私たちはみな、子どもの幸せを真剣に考えて、それぞれ最も良いと信じる方法で子どもを育てています。誰が我が子を不幸にしようと思って遊びの場を奪うでしょうか。いやがる子どもに勉強を強いるでしょうか。「それは間違っている」なんて口出しすべきじゃないのかもしれない。私はみどり保育園にいて、保育園にくる子どものことだけ考えればいいのだ、もう人の前でよけいな話はするもんじゃないと、その日の帰りは心にきめました。

その後、インドのオオカミ少年の記録は少年ではなく少女でしたが、心理学者の捏造《ねつぞう》と判明しました。

3

家庭が主役

私は母親として、むすこをみどり保育園にあずけました。我が家の教育方針と天谷先生のやりかたが一致していたからです。子育ての主体は家庭にあります。家庭にはそれぞれ主義主張があるはず。家庭と園の方針がくい違うと子どもは戸惑い、落ち着かないでしょう。

園をえらぶときは、園長の子どもの見かた、考えかたをよく聞いておく必要があります。入園してから親が疑問や不安を抱くと子どもがかわいそうです。

くれぐれも園えらびは慎重であってほしいと願います。子どもがおとなから受ける影響は大きく、保育者の人柄は大切です。

そういう意味でも、昨今、新聞広告や、チラシにまでなった、入園前の子どものための教育相談所、知能指数を高くする教室、早期教育、英才教育の通信講座などを安易に信用するのは危険です。

まだおしめもとれない子どもを何人も集めて教育するなど考えられません。それに、せっかく生まれた我が子を、早期教育という名のもとに気易く他人にあずけられるものでしょうか。性格も定まらないうちにいじられ、ゆがめられ、取り返しのつかないことになったらどうしましょう。

英才教育とか早期教育というものは、それぞれ家庭で父親と母親が一致協力しあい、子どもの心身の発育状態をこまやかに観察しながら、その子に最もよくあった方法をさぐりつつ、自分たちの全人格・全能力をかけてやるものです。少しもむずかしいことではなく誰もがやっています。

ほとんどの夫婦は、子どもの誕生の瞬間から英才教育にとりかかっています。お父さんもお母さんも、暇さえあれば赤ちゃんとつきっきりで、何とかして我が子の耳を楽しませよう、目を楽しませよう、一言でもたくさん語らせようと躍起になっているではありませんか。我が子の感覚の目覚めを一刻も早く捉えようと夢中になることこそ「早期教育」「英才教育」と思います。子どもをいちばんよく教育できるのは何といってもお父さんとお母さんです。ただ、あまり当たり前すぎて、むやみやたらに我が子の英才ぶりに気がつかないだけのことです。それとも親馬鹿を笑われないよう謙遜しているのかもしれません。

音楽好きな両親を持つ子どもは音感がすぐれ、美術的に申しぶんのない環境に育つ子どもは美的感覚に恵まれます。赤ん坊のころから父親のリュックに背負われて山歩きをする子、読書家の両親の書物に埋まって育つ子、母親の手作りの衣服・食事で育てられる子、忙しく立ち働く親を見て育つ子など、どの子どもも、その家庭独自の早期教育を受けています。親の息のかかった家庭教育の成果は、保育園で私とともに過ごした子どもたちそれぞれの上にもちゃんとあらわれていました。

私たちは幸いなことにオオカミ少年ではありません。人間の手で育てられ社会人になって、人の子の親にもなりました。一応、ひとりだちして何とかやってきたではありませんか。なぜ、自信を失ったり迷ったりするのでしょう。一つには、お母さんたちのまわりに子育ての自信を失わせ、迷わせるものがありすぎるから、かもしれません。

教育産業の売り込み合戦はすさまじく、いろいろな情報が乱れ飛んでいます。気をつけないと、振りまわされるだけで、お金と時間を無駄にしてしまいます。取り返しのつかない大迷惑をこうむるのは子どもです。

その子にとって、今いちばん大切なこと、必要なことは何か、がわかるのは、お母さんです。他人を当てにしないで、自分の頭と心で子どもに向かいあい、余計な騒音には引きずりこまれないでほしい。これはお母さんだけのことではなく、お父さんも同じです。

たくさんの家庭を見てきて感じたことですが、子どもを育てるのは父親と母親です。このふたりの仲がうまくいかないと、子どもはとても苦労します。両親の不安、動揺、いらだちなど、すぐ子どもにはねかえってきます。両親が仲よく、互いに信頼しあっていればいるほど、子どもは満足至極となります。我が子の幸せを願うなら、そして良い人間に育てたいのだったら、明るく楽しくあたたかい家庭を作ることです。家庭こそ、幼児教育の根本の根本ではないでしょうか。

日本じゅうの幼稚園、保育園の先生たちから私が直接あずかったメッセージは、「幸せな子に育てたかったら、夫婦仲良く」の一言につきました。

子どもの世界

1

一所懸命話す、一所懸命聞く

幼い子どもたちを見ていると、「ことば」を正しく使おうと一所懸命です。どの子も思うようにまわらない舌を苦心さんたんしながら動かし、何とか自分の気持ちを伝えようとしています。

真剣な、生き生きした表情は、幼児ならではです。話したいという意気ごみが、目もと口もとだけではなく手足の先々にまでみなぎって、全身で語りかけてきます。そして、相手に通じたときの嬉しそうな表情！　その満足の度合いがどんなに深いものか一目瞭然です。

それだけに、わかってもらえないと悲劇です。カンシャクを起こしたり、泣きわめいたり不満のありったけを示します。すると、察しの悪いおとなは「聞きわけのない子ねえ」ときめつけ、自分は反省しません。はなはだ困ったことです。

保育園で子どもの語りかけをどうやってキャッチするか、私は四苦八苦していました。子どもの気持ちを、その場ですばやく理解しなくては失格です。

一所懸命話してくれる子どもに、やたら「え？」と聞き返しては失礼ですし、こちらの信用にもキズがつきます。そこで多少わからなくても、急場しのぎに「うん、うん」「そう」「へえー」「そうなの、よかったわねえ」なんて子どもの表情に調子をあわせておき、あとでじっくり、「あれは、どういう意味だったのか」と、事件のカギを解く探偵よろしく推理したものです。負け惜しみをいうようですが、面白い謎解きでもありました。

この謎解きのコツは、子どもたちとの日ごろのふれあいを大事にすること、これがいちばんです。そしてさらに、相手について一つでも多く知っていれば、ますます有利です。性格、体質、特技はもちろん、家庭のこと、環境のこと、親類縁者のこと、田舎はどこか、その子について知っていれば知っているほど謎解きはうまくいきます。

幼い子どもは、自分に印象の深かったことや、自分に身近な問題は誰にとってもそうだと思いこんでいるので、いきなり目を輝かせ「ほら、あそこで」とか「あのとき、あったでしょう」とか「あれのことだよ」と相槌《あいづち》を求めます。

子ども同士ですと、この感覚が簡単に通じるらしく、Aちゃんの田舎、Bちゃんのおばあさんの家、Cちゃんのおじさん、Dちゃんがオムレツを食べたレストラン、といった設定がクラス全員の知るところになって、一つの話題が共通体験のようにくり返し語られ、話はいくらでもはずみました。

このように、三歳四歳の子どもでさえ自分のことばで精いっぱい表現したことが、間違いなく友だちに伝わるのです。ただし、自分のことだけを一方的にしゃべって、他人の話を聞かない子は敬遠《けいえん》されます。友だちの話を一所懸命聞く子どもでないと相手にされません。幼い子の世界で話の上手下手は、語いの数や舌の回転とは関係ありません。よい聞き手が、よい話し手になります。

私に話しかけてくる子どもは、私の話もよく聞いてくれました。それも、耳だけで聞くのではなく、目をこらして私を見つめ、全身でことばの意味を理解します。そうなると私も、きちんと通じることばを使うよう、注意深くなります。つまらない長話をするわけにはいきません。子どもにわかるよう具体的に、親切に、正確に話すことが大事です。

話がぼやけると、てきめん、子どもの関心は私から離れていきます。そのときの空しさはたとえようもありません。それから「今忙しいから、あとで」は禁句です。幼い子に「あとで」は通用しません。目と耳は「備えよ常に」の状態にしておきます。

保育園での日々、子どもたちとのこうしたやりとりが、「子どもとどうつきあうか」

待ッタナシの厳しい修業になりました。

創作にかかるときはいつも、この子どもたちと面と向かいあっているつもりで大へん緊張します。イメージの浮かばない表現は許されず、あやふやなストーリーは禁物。ひたすら、わかってもらえるように、そっぽを向かれないようにと、最も確実な表現方法――ことば――をさがします。

こうして、保育士・作家、二つの立場で子どもたちと直接・間接に接してきてわかったのは、正しい日本語がいちばんよく通じるということです。

なぜなら、子ども自身が正しく話そうとしているからです。

幼児語というものがありますが、あれは幼い子が正確に話そうと学習する過程の現象でしょう。通過するときれいさっぱり忘れます。

幼児語や赤ちゃんことばは、むしろおとなが好んで使うようです。赤ちゃんのおしゃべりを真似すれば、おのずとやさしい気分になれます。子どもに「やさしい人」の好印象を与えるには、もってこいです。

幼児語で、やたら「お」をつけるのも同様ではないでしょうか。たとえば「手をひざにおきなさい」というと、口調によっては威圧的になりますが、「お手々を、おひざになら、どんな調子でいっても、恐ろしくはなりません。「おすわりしましょう」「お手々をつないで」「おもちゃを、おかたづけしてね」「おくちをむすんで」といった日常語は、どうも、体《てい》のよい方便に思えます。

でも、最近のお母さんたちは幼児語をあまり使わなくなりました。子どもに対して、おとなのことばで話すようです。

私も幼い子どものために正しい日本語で、立派な文章を書けるようになりたいといつも思っています。

2

私を鍛えてくれた子どもたち

みどり保育園で私は、幼い子どもたちから「先生、先生」と呼ばれ、自分ほど有能な保育士はいないだろうと、すこぶる満足していました。が、閉園する段になって、振り返ってみると、どうもおかしい。私はいったい何をしただろうか。教えられたのは私のほうで、子どもたちこそ「先生」だったのではないか。
それなのに私は、子どもたちを「はなたれこぞうのわからんちん」「えらそうな顔したって、まだまだ赤んぼ」などときめこみ、何から何まで面倒を見ているつもりでした。そして、この子たちがたのもしく成長し、卒業していく姿を、まるで自分の手柄のように誇らしく眺めていました。とんだ見当違いでした。
そもそも、私に作家の肩書きがつくよう

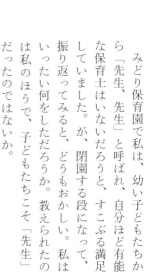

になったのは「先生」たちのおかげで、「先生」の存在がなかったら、児童文学のジの字もわからずじまいだったでしょう。

私が保母学院で受けた「幼児の言語指導」という講義は「幼児に与える修身」でした。そのほか、絵本らしい絵本一冊手にとる機会のないまま、私は保育士になりました。幼い子にふさわしい絵本やお話についてほとんど勉強しなかったのです。もっとも、当時は幼児のための出版はまだ盛んではありませんでした。

こんな私に『ちびくろ・さんぼ』の面白さを徹底的に教えこんでくれたのが誰あろう、私の先生――保育園の子どもたちです。『ちびくろ・さんぼ』は、岩波書店が幼児から小学校低学年までを対象として出版した「岩波の子どもの本」の第一冊目でした。

初めて『ちびくろ・さんぼ』を読んだとき、私はただ「トラの出てくる面白い本」と思いました。しかし、子どもたちは違いました。私より一足も二足も先に深く物語の世界に入っていったのです。私はくる日も、くる日も『ちびくろ・さんぼ』を読まされ、「ちびくろ・さんぼごっこ」を見せられ、「ぐるるるる……」のうなり声が四六時中、耳から離れず、ついにはホールにいる子たちがトラに見えてくるありさまでした。

この熱中ぶりに、園長先生と私はホットケーキをやいて、みんなに御馳走しました(それから数年後、私はこの経験をもとに絵本『ぐりとぐら』を作りました)。

保育園の子どもたちは、『ちびくろ・さんぼ』というイギリス幼年童話の傑作と出会ったとき、いちはやくその価値を見ぬきました。私はその後から、目を白黒させて追いかけていたのです。

この時点で、「先生」と「生徒」の立場は逆転しました。以来、子どもたちが先生格になって一致団結し、たったひとりの「生徒」に猛烈な教育を始めました。

一、面白い話を研究し、すみやかに提出すべし。
一、なまけるべからず、手をぬくべからず。

そこで私は国の内外を問わず、ただひたすら、「先生」たちのお気に入りそうな楽しい絵本、英語でもフランス語でも面白い物語をさがし求めてまわりました。手に入ると、はたして「先生」たちのおめがねにかなうかしらと胸がドキドキしてくるのでした。「先生」たちときたら、そろいもそろって気むずかしく、わがままで自分本位です。「生徒」の苦労など察してくれません。気に入らないとプイとそっぽを向き、もっとハッキリした「先生」なら立ちあがってどこかへ姿をくらまします。その冷たい態度には取りつく島もありません。

しかし、いったん気に入ったとなると、今度はくいついて離れず、百ぺんでも二百ぺんでも読ませます。そしてその義理固いことといったら、百ぺんめだろうと二百ぺんめだろうと、大真面目に聞いていて、同じところでちゃんと面白がって笑いころげます。まったく、たいした「先生」ではありませんか！

しかし、「先生」もやはり人の子です。年をとるとともに人格円満になり、多少の不出来には目をつぶり、辛抱してくれるようになります。すると「生徒」もつい気がゆるみ、なれあいに甘んじて怠けぐせが出てきます。が、それはあっという間のことで「先生」六歳の春、小学校にいかなくてはなりません。

入れかわってまた新しく、二歳、三歳の厳しい厳しい「先生」たちがきてくれました。こうして私はいつも、新鮮な教育を受けました！

子どもたちから離れた今、心しずかに数々の教えを思い起こし、「先生」に恥ずかしくない「生徒」であり続けようと、常に姿勢を正しています。

3
「もっとこわい話してね」

保育園で子どもたちから毎度せがまれるのが、こわい話でした。どの子も、こわいもの知らずで「先生、こわい話、どんなにこわくたって平気だから、うんとこわい話して」と注文したものです。
　どうして子どもは、こんなに「こわい話」が好きなのでしょう。
　針金みたいにやせこけた魔法使いが、曲がりくねった杖にすがって「わたしにゃ、おまえみたいなポチャポチャのやわらかくてかわいい子が、いちばん口にあうのさ、イヒヒ……」なんていうのが、たまらなく好きときています。
　耳まで口の裂けた、毛むくじゃらの人喰い鬼が「人くさいぞ。おっかあ、今日のおまんまは、人間の子かい？」と鼻を動かそうものなら、もう大喜びです。

夜ごと、墓場の棺おけからぬけ出して「おおさむ……だれか、おいらといっしょに寝てあったためてくれ……」と、すすり泣く死人の話は、特別こわい話という理由で大へん人気がありました。そしてもう一つ、朽ちかけた古屋敷の階段に散らばっている骨の話とともに、しばしばリクエストを受けました。

この骨は、真夜中になると青白く光って歌を歌いだし、おどりながら一本一本つながってガイコツになります。すると、どこからともなくガイコツの友だちが集まってきて、いんちきカルタを始めます。

そのほか、こわい話はいくらでもあって、男の子も女の子も、それはそれは喜んで聞きました。

こわい話には必ず、ぞーっとするさわりがありますが、そこへくると聞き手一同、待ってましたとばかりに「キャーッ、こわい！」と叫んで、誰かれなしにしがみつき、ひしと抱き合います。そこがきっと、こわい話の楽しいところなのでしょう。

幼い子たちは興奮すると、すぐ友だちに抱きつきます。喜びも悲しみもいっしょに味わってこそ身にしみる、ひとりでこわがるよりはふたりでこわがるほうが、こわい思いは強まってスリル満点、そして、ちょっと安心です。

ときには、四人も五人もかたまって、もみくちゃになりながら、「キャーッ、こわい！」を連発していました。

でも、話が無事終わると——魔法使いも、人喰い鬼も、死人も、ガイコツも、すべては退治されてめでたしめでたしとなります——子どもたちはきまって「なあんだ、ちっともこわくなかった」と涼しい顔をして、「先生、この次はもっとこわいのをやってね」といいました。

おかげで、私は保育園につとめていたあいだ、何とかして子どもたちをおどろかしてやろうと、こわい話、ぞっとする話をさがし続けていました。が、いくらやっても「この次は、本当にこわい話してね」といわれるのでした。

そこへあらわれたのが『もじゃもじゃペーター』（ホフマン作／瀬田貞二訳／『母の友』181号）です。これはドイツの家庭で古くから親しまれている、子どものための教訓的物語です。ナンセンスとはいえ、かなり辛辣なお説教が子どもには「こわくて」おかしくて面白くて気に入っていました。

犬にかじられて血を流すいじめっ子、マッチ遊びをしてぼうぼう燃えた女の子、うさぎに鉄砲をつきつけられた猟師など、子どもたちは夢中になりました。

特に子どもたちは「パウリーンちゃんのマッチ遊び」に大へん興味を持ちました。パウリーンちゃんというお下げ髪の女の子は、叱られても叱られてもマッチ遊びを止めません。その結果、マッチの火が前かけについて燃えあがり、続いて手が燃え、髪が燃え、とうとう、からだがみんな燃えて、わずかひとにぎりの灰になってしまいます。何てこわい話でしょう！　でも、子どもたちは最後のひと言「のこるは、あかいくつばかり」でふき出しました。足が燃えて、くつが燃えないんだってさ！　というわけです。

それでも、ある日、マッチ箱をいじっていた子に私が思わず「ぼうぼう燃えるパウリーンちゃん！」と、どなったら、その子はギョッとした顔で手をひっこめました。多分、自分が「のこるは、あかいくつばかり」になったところを想像したのでしょう。

こわい話は、なるべく「こわくないように」話すことが大切です。何よりもスリルを楽しむユーモア感覚が必要です。

子どもたちは、いくら「こわい話」が好きといっても、ガイコツやお化けや人喰い鬼が好きなのではありません。その証拠に、こわい話が終わると、いっせいに笑いだし、友だちとじゃれあい、とてもきげんよくなります。どうやら、ほっとするらしいのです。

そして私は必ず、もう一つおまけに、とびきり明るい、楽しい、心のなごむお話を口なおしにします。これがこわい話をするときのフルコースで、すべてが終わると子どもたちは、またもや「ああ、面白かった。でも、あんまりこわくなかった。先生、今度はもっとこわいのをやってね」というのでした。

4　けんかも大切

子どもとけんかはつきものです。保育園で子どもたちが遊んでいるとき「あ、やってるな！」と感づいたら、何をおいてもその場にとんでいき、なりゆきをじっくり見物しました。そして流血の惨事《さんじ》となる寸前、二人のなかに割って入り、両者の言いぶんをじっくり聞かせてもらいます。

すると必ずまわりに野次馬が集まってきて、それぞれ、ひいきの肩を持ち、最初から見ていたような証言をやりだすものですから、また野次馬のあいだで小競合《こぜりあ》いが始まります。聞いていると、いずれももっともなことばかりで、悪いのはどっちか、シロクロつけようがありません。

それで私は、みんなの興奮が一応おさまったころ「けんか半分　はなくそ半分　あんぽんたんのつるし柿」とか、「チョキ

ン　パチン　ストン　はなしは　どんとはらい」などおまじないをとなえて決着をつけ、一同にひきとってもらいます。

このおまじないは、よくききました。面白いことにそのあと、けんかの張本人たちはとても仲よくなりました。けんかといっても、おおよそこの程度でした。

子どもたちは、いつだって自分が正しいと信じています。たとえそれが苦しい言いわけでも、胸を張って堂々と言い張るので、こちらがよほどしっかりしていないと負けてしまいます。

あわてず騒がず冷静にだまって聞いていると（大へん忍耐のいることでした！）、勇ましい自己主張はだんだん尻すぼみになります。そして最後は間《ま》が悪そうに「まあ、そういうこと」などと照れかくしに笑ったり、えらそうにから威張《いば》りしたりして退散するのでした。

子どもたちはみな苦心して立派に屁理屈をつけてはいるけれど、生まれつき頭がいいので、道理はちゃんとわかっているに違いないと私は解釈します。

幼い子たちといっしょにいると、けんかやトラブルの絶え間がありません。仲裁役《ちゅうさいやく》の私は派出所のおまわりさんよろしく、保育園住民の安全と保護のために園内をパトロールしているようなものでした。まったく、いつどこで何が起きるか予想もつきません。四六時中、気を張りつめ、用心深くなり、今でも幼い子と向きあうと緊張します。

子どものけんかはたあいもありませんが、当人たちはまさに真剣そのものです。決していいかげんには扱えません。最初のいきさつを見ていないかぎり正しい判断はつけられないと思います。

もし間違ったら、子どもの心を傷つけ、信頼を裏切ることになります。私にできるのは、両方に満足のゆく終止符を打って、すっきりとお互いの敵意を帳消しにするぐらいでしょう。

子どものけんかには、おもちゃのとりあい、押した、叩いた、髪を引っぱった、といった初歩的なものから「風が吹けば桶屋《おけや》がもうかる」式のややこしいのまでいろいろあります。が、思い違いや早合点など誤解による場合が多いようです。悪意はなく、親切からやったことが意地悪と思われたり、いらぬお世話とはねつけられたりして空気はあやしくなります。

だいたい、独立独歩の気概のある子は、人に親切にするのは大好きなくせに、親切にされるのはあまり好きじゃありません。二歳三歳児あたりでは、その身勝手さがしょっちゅうトラブルの原因になりました。子どもの言い分を聞けば聞くほど善意からのいざこざであることがわかって、聞くも涙、語るも涙となるのでした。

かと思うと、こういうけんかもありました。

ある日、五歳の花子ちゃんが天下の一大事とばかり、血相を変えて飛んできました。

「先生、先生、早苗ちゃんが私にウソついた！」というのです。

花子ちゃんと早苗ちゃんは同じ年で家は隣同士、赤ちゃんのときから何をするにもふたりはいっしょの仲でした。その早苗ちゃんにウソをつかれたとあっては怒るのも当然です。色白の花子ちゃんが真っ赤になって訴えていると、いつもはおっとりしている早苗ちゃんが、これもカンカンになって「私、ウソなんかつかない！」と形相《ぎょうそう》すさまじく追いかけてきました。

そこでよくよく聞いてみると、早苗ちゃんが「私、花子ちゃんきらい」といったのが発端でした。

花子ちゃんは「早苗ちゃんは、私を好きなのにウソついた」とがんばって「エンマさまに舌をぬかれるからねッ！」と、わめきます。が、早苗ちゃんはがんとして「私はウソつきじゃない」といい張り「花子ちゃんのこと、本当にきらいなんだもの」を、くり返すのです。

二人のまわりには野次馬が集まりヒソヒソ声で「友だちをきらいといってはいけない」とか「ウソつかないのにウソつきといってはいけない」とか、いいあっています。私はどうしてよいのかわからず、あわやふたりがつかみあいのところでやっと花子ちゃんに「今日早苗ちゃんと遊ばないほうがいいわよ」といいました。「あなたたち、いつもいっしょだから、今日は別の人と遊びなさい」

とたんに野次馬が二つに分かれ、一方は、「花子ちゃん、花子ちゃん、こっちにいらっしゃい」、もう一方は「早苗ちゃん、早苗ちゃん、こっちにいらっしゃい」と、この気の毒な被害者を取り囲んで連れていきました。

その日一日、花子ちゃんと早苗ちゃんは大げさにツンケンしあい、互いに溜飲《りゅういん》を下げているようでした。

帰りぎわ、私はふたりを並べて、「今日は別々に帰りなさい。帰ってからもふたりで遊ばないこと。おふろやさんもいっしょにいくんじゃありませんよ。あしたはひとりで保育園にいらっしゃい。けんかをするとあぶないから」といいわたしました。

するとふたりは顔を見合わせて「へーんな先生！」と笑うではありませんか。そして手をつなぐと、仲のよいところを見せつけて帰っていきました。

子どもにとってはけんかも遊びのうちなのでしょう。大真面目で、きらいごっこ、おこりごっこ、いじわるごっこ、をしているのかもしれません。見ていて、子どものけんかはそんなに悪いものじゃない、というのが私の感想でした。それだけに、幼い子には納得のゆくまで安心してけんかのできる相手が必要だと思います。

5 欲ばり

子どもはみんな欲ばりです。見ていると、欲ばっても欲ばっても切りがなく、まるで穴のあいたバケツで水を汲《く》んでいるみたいです。でも、欲ばるからこそ成長するのではないでしょうか。幼児の時代は、おおいに欲ばってほしいと思います。

が、時と場合によっては、欲ばりすぎたおかげで、ひどい目にあうこともあります。そういうときは見ていて、かわいそうやら、おかしいやら、何ともお気の毒としかいいようがありません。しかし、ひどい目にあったぶん、その子がたくましく利口になるのは確かです。

ですから、幼い子の欲ばりに私はいつも敬意を表しています。

むかし、保育園にとても欲ばりな女の子が入ってきました。名前は雪子ちゃんにしておきます。お人形のように愛くるしく、利発で打てば響くような子でした。が、響きすぎるのか神経質で我が強く、お友だちになかなかなじめません。いつもひとりぼっちでおもちゃをどっさり抱えこみ「取られてなるものか」と油断なく見張っているのが、雪子ちゃんの最初の遊びでした。

そして、この山と積んだおもちゃを、こっそり失敬するのがほかの子たちの遊びでした。が、雪子ちゃんはそれを待ちかまえていて「だめーッ」と叫び「キーッ」と悲鳴をあげるのです。これには悪童たちも歯が立たず、耳を押さえて退散しました。

ある日、雪子ちゃんはつみ木を二箱も手に入れました。これは、約束に反する行為でした。つみ木はみんなで分けあって使うきまりです。それなのに雪子ちゃんは箱にキッチリふたをして、その前にすわりこみました。

さあ、子どもたちは承知しません。雪子ちゃんを囲んで口々に非難をあびせていましたが、とうとう最後の手段「先生にいいつけてやる！」と、どなりました。

すると、雪子ちゃんは一同を睨《にら》みつけるや、声高らかに「ええ、アイス、アイスクリーム、おいしいアイスクリームはいかが、キャンディもありますよ」と、やり始めました。

状況は一転、「ください」「ください」と、つみ木の箱ならぬアイス・ボックスに手がのびてきました。

雪子ちゃんはにこやかに「はい、何にしますか？」と応対するものの、箱のふたは相変わらずで、お客にさわらせません。

「チョコレートですか？　ストロベリイですか？　オレンジ？　メロン？」と聞いてからふたを開けて箱をのぞき「おや、どれも売り切れです。別のにしてください」なんてやっています。うまいこと時間かせぎをして、やっとボックスから一つ出し「まいどありがとう」と渡すのです。

それでも二箱分のアイスクリームはすぐ売りつくし、雪子ちゃんは手持ち無沙汰のまま、お友だちに誘われ遊びに加わっていきました。

それからというもの、雪子ちゃんは集めたおもちゃを大道商人よろしく広げて売るようになりました。それも一つ一つもったいをつけて売るので、かえってお客をひきつけ、商売は大繁盛《だいはんじょう》でした。と同時に、何でも手当たり次第に抱えこむ欲ばりぶりは次第に消え、いつのまにか商売もやめて、みんなといっしょに遊ぶようになりました。

でも、ほかの子なら見落とすようなものにも目をとめ、大切に扱う気持ちはちゃんと残りました。それが雪子ちゃんの思いやりのある人柄になって、友だちから好かれたようです。

月子ちゃんも立派な欲ばりでした。

夏の暑い最中、ままごとのエプロンを二枚かさねてしめ、お古のランドセルを背負った上に、赤ん坊ぐらいもあるお人形をおんぶし、両手に持ちきれないほどふくらんだ手さげ袋を持って、汗びっしょりで歩きまわっていました。月子ちゃんは何をやるにも一所懸命で、つい欲ばってしまうのです。ままごとでお母さんになれば、十人ぶんぐらい忙しい働き者のお母さんになりました。

折り紙をやれば、みんなが三枚折ってやめるところを五枚は折って家に持って帰ります。粘土ならいちばん大きいかたまりに手をつけるし、絵もたっぷり時間をかけて画用紙いっぱいに描きこみます。ですから、冬でも腕まくりをして鼻の頭に汗を浮かべているような子でした。

まわりがどうだろうと、自分の気のすむまで欲ばる月子ちゃんは、いつもゆうゆうとしていました。そして、何事にも労力を惜しまない働き者として、みんなから一目おかれました。

梅干しを見るたび、春子ちゃんを思い出します。

春子ちゃんはほっそりして弱々しそうですが芯は強く、これと目をつけたらモノにするまでねばりぬく根性を持っていました。ただし食欲だけは別でした。三食のうち満足に食べるのはお弁当だけというのです。春子ちゃんのお弁当には、いつも色とりどりのおかずが並び、ごはんはすみにちょっぴりあって、必ず海苔がのっていました。それなのに、ある日、春子ちゃんが突然、「おかずがないから、たべられない」といいだしました。

お弁当箱を見ると、なるほど、ごはんだけで、海苔は先に食べたらしく、おしょうゆのあとが薄く残っています。ははあと思いました。その前日、おかずを先にたべてしまった子に、私の梅干しを半分あげたのです。

「それじゃ」と、私は大きい梅干しを一つ、お弁当箱のふちにのせました。テーブルの子たちの目がいっせいに梅干しに集まりました。その瞬間、春子ちゃんは電光石火《でんこうせっか》の早わざで、梅干しを丸ごと口に入れたのです。みんなは思わず「あっ」と叫んで、春子ちゃんといっしょに顔をしかめました。

春子ちゃんは、しっかりと口を閉じ、やがて落ちつきはらって、タネを出し、残りのごはんをおいしそうにきれいにたべました。

幼い子たちの欲の深さには、打算《ださん》がありません。人にどう思われようと、ただひたすら、それが自分にとって「とてもいいもの」で「好き」だから、ほしいのです。

欲ばりすぎて、にっちもさっちもいかなくなり、骨折り損のくたびれもうけになってもへっちゃら、何て気前のよい欲ばりやなのでしょう。

最初に書いた〈あとがき〉

私が初めて書いた幼児のためのお話の本『いやいやえん』が福音館書店から出たのは一九六二年でした。

せんだって、ある幼稚園の主任の先生にお会いした折り、『いやいやえん』は幼稚園教師の教科書です――といわれました。思いもよらなかった嬉しい一言でした。なぜなら、私が作家になったのは、どちらかといえば幸運な偶然のなりゆきで、私がまず目指していたのは保育者になることだったからです。それも、「デモシカ先生」ではなく、理想と信念を持った日本一の保育士になるという、夢です。

実は『いやいやえん』も、書いたときから、内心では私の保育理論のつもりでいました。それだけに、幼児教育を専門とする方が教科書にして下さると聞いたときは、最高の栄誉に浴した心地がしました。

ところが、保育士は十七年でお役御免となりました。でも、現在作家として長らえていられるのは、みどり保育園での十七年があってこそです。そのあいだ、子どもたちは私を徹底的に教育してくれました。どの子もみんな、素晴らしい先生ぶりを発揮したものです。この我が師の恩のありがたさは、歳月がたつほどに身にしみてきます。そして、しみるほどに、私はあの子どもたちに――とはいっても、もはや堂々たる若者ですが、恥ずかしくない仕事をしなくてはならないと背を正します。かつてのみどり保育園の子どもたちが、昔も今も変わらず、誰よりも私にはいちばんこわい相手です。

本のこと、子どものこと、絵本のこと、この三つは、私にとって切り離せない最も身近な存在です。物心がついたころから本が好きで、暇さえあれば読んだり眺めたりしていました。書物は大へん魅力的なのです。居ながらにして千変万化の世界に入ることができます。

読んで読んで読みまくりました。本が読めるというのは、なんてありがたいことでしょう。

私は少年少女の文学にひきつけられて、子どもに興味を持ちました。そこから保育の道に入って、生きた子どもたちに出会いました。そして、子どもから受けるさまざまな戸惑いや感動が、私の目を絵本へ向けさせました。絵本は幼児の成長の糧となる遊びを豊かに育てます。絵本は、読書の入り口といわれ、人生の入り口のような要素を持っています。

子どもがいるから絵本がある。絵本があると子どもが喜ぶ。喜ぶから絵本を与える。十七年のあいだ、それをくり返しました。保育園にいると、私は子どもの本の与え手であると同時に受け手でもありました。家庭にいれば母親ですから、ここでも子どもといっしょにじゅうぶんに楽しみました。子どもの本について勉強する上で理想的な条件が揃っていたことになります。

このような次第で、いつのまにか、本・子ども・絵本について、幼児を持つお母さんや、保育園、幼稚園の先生方に先輩顔をして話したり書いたりする機会がふえました。とはいえ、みなさん、幼児に関しては現役のバリバリなので私のほうも教えられることが多いのです。

『いやいやえん』が、保育士になりたてのときにつかんだ私の保育理論とすれば、この『本・子ども・絵本』は、その後における私の実習レポートになるかもしれません。となると、採点される側に立たされているようなひきしまる思いがしてきます。

一九八二年三月

二度目のあとがき

〈子どもはこの世でいちばんすばらしい〉

みどり保育園では年功序列ならぬ誕生日序列が尊重されました。出席簿は生年月日の順ときまっていて四月生まれから始まります。

同じクラスでも四月生まれと三月生まれには約一年の差があります。体格は生まれつき大柄な子もいれば小柄な子もいるので外見で月齢の違いはわかりません。が、成長発達の順序はすべて同じ、正しく公平です。

名前を書けるようになるのも、数をおぼえるのも四月生まれの子から先に興味を持ち、上手になり、続いて五月生まれ、六月生まれと続きました。

そして年長組になると月齢の差は縮まって、学校に行くころには、三月生まれも四月生まれも殆ど同じになりました。

保育園では年長児一年保育の「さくらぐみ」がエリートでした。来年小学校入学だかららえらいのです。二年保育の「ももぐみ」は、その次に学校へ行くので少しえらく、四年保育の「おみそ」とは大違いでした。

「おみそ」は何をやっても赤ちゃんだからとかわいがられ、のんびりしていました。

毎年、お正月が過ぎると、「さくらぐみ」は急激に大人っぽくなりました。小学校は目前です。保育園なんか幼稚で見ていられないとエリート風を吹かせます。

こうなると私も「早く学校に行ってちょうだい」と追い出したくなりました。

あるとき、やさしい子が「先生はかわいそうだねえ。いつまでも保育園で」と同情してくれました。その口ぶりは「ぼくたちと一緒に学校にくればいいのに」と言いたそうでした。

そして「さくらぐみ」は元気いっぱい「さようなら」と手をふって、めでたく一年生になりました。

あのころから五十年、たまに思い出して顔を見せてくれるのが私のたのしみです。

どの子もみな、私を乗り越えました。つくづく人間の子どもは、この世でいちばんすばらしいと感心します。子どもがいなくなったら地球はおしまいです。

二〇一三年一月三日

中川李枝子

文庫版あとがき

〈読書や絵本の入り口は、人生の入り口〉

この本が最初に出たのが一九八二年ですから、今年でもう三十六年経ちます。でも、「本・子ども・絵本」について、私が言いたかったことは一つも変わっていません。むしろ、大事なことは変わらないと思います。子どもの本質は、そんな簡単に変わったりしないものですから。

子どもが大好きで日本一の保育士を目指し、十七年間、真剣勝負で子どもたちに接しました。そのときに痛感したのは、子どもたちがどんなにお父さんお母さんのことを好きか、ということ。普段は滅多なことでは親のことを「好きだ」なんて言わず、にくたらしいことばかり言っているかもしれませんが、親と離れてみて子どもも分かる。なにしろ親の悪口は、絶対に言いません。もう本当に、大好きなんですよ。

子どもはみな一人一人、良い心を持って生まれてきます。その良い心を伸ばしてあげられるように、幼児期は心を育てる時期ですから、大人は子どもの心を決して傷つけるような事をしてはいけない。無意識にでも心ない言葉を子どもに言ってしまったときは、すぐに子どもに謝る。その方法は、その人のやり方で構いません。例えば、ギューッと子どもを抱きしめて、どんなにその子を愛しているかを表現すれば良いのです。

今は、情報が多すぎて何が子どもにとってベストな選択か、迷っている親御さんが多いと聞きます。私の両親が敬愛していた留岡幸助先生（子どもの感化事業の先駆者）は、「教養ある慈母になれ」というのが教えで、母はその教えを守って一生懸命に子育てしました。留岡先生がおっしゃる通り、選択する力を培うには、教養が大きな助けになるのではないでしょうか。

読書や絵本の入り口は、人生の入り口。「生きることは素晴らしい」と子どもたちに覚え込ませるチャンスです。みんな一人一人、大事な可愛い子どもです。「生まれてきて良かった」と子どもに思わせたい。私自身、子どもの頃に出会った絵本は隠れ場所となりましたし、思春期に少年少女のための世界各国の名著に巡り合えたのはとても幸運だったと思っています。

なんといっても子どもは面白い。幼い子どもと向き合うのは大変で杓子定規な見方ではつとまりませんから、ゆとりを持ってユーモアのセンスを忘れずにね。

二〇一八年九月

中川李枝子

＊本書に登場した絵本と本

〈子どもと絵本〉

『いたずらきかんしゃ ちゅうちゅう』（バージニア・リー・バートン文・絵／村岡花子訳／福音館書店）
『ちいさなねこ』（石井桃子文／横内襄絵／福音館書店）
『チムとゆうかんなせんちょうさん』（エドワード・アーディゾーニ文・絵／瀬田貞二訳／福音館書店）
『おおきなかぶ』（ロシアの昔話／A・トルストイ再話／佐藤忠良絵／内田莉莎子訳／福音館書店）
『はなをくんくん』（ルース・クラウス文／マーク・シーモント絵／木島始訳／福音館書店）
『しずかなおはなし』（サムイル・マルシャーク文／ウラジミル・レーベデフ絵／内田莉莎子訳／福音館書店）

『三びきのやぎのがらがらどん』（ノルウェーの昔話／マーシャ・ブラウン絵／瀬田貞二訳／福音館書店）
『ひとまねこざる』（H・A・レイ文・絵／光吉夏弥訳／岩波書店）
『もりのおばあさん』（ヒュウ・ロフティング文／横山隆一絵／光吉夏弥訳／岩波書店）
『ちびくろ・さんぼ』（ヘレン・バンナーマン文／フランク・ドビアス絵／光吉夏弥訳／瑞雲舎）
『てぶくろ』（ウクライナ民話／エウゲーニ・M・ラチョフ絵／内田莉莎子訳／福音館書店）
『おおかみと七ひきのこやぎ』（グリム童話／フェリクス・ホフマン絵／瀬田貞二訳／福音館書店）
『ぐりとぐら』（中川李枝子文／大村百合子絵／福音館書店）

〈母と子の絵本の時間〉

『3びきのくま』（L・N・トルストイ文／バスネツォフ絵／小笠原豊樹訳／福音館書店）
『もりのなか』（マリー・ホール・エッツ文・絵／間崎ルリ子訳／福音館書店）
『ちいさいおうち』（バージニア・リー・バートン文・絵／石井桃子訳／岩波書店）
『おだんごぱん』（ロシア民話／脇田和絵／瀬田貞二訳／福音館書店）

『ありこのおつかい』（石井桃子文／中川宗弥絵／福音館書店）
『かばくん』（岸田衿子文／中谷千代子絵／福音館書店）
『セロひきのゴーシュ』（宮沢賢治原作／佐藤義美案／茂田井武絵／福音館書店／『こどものとも』2号）
『おてがみ』（中川李枝子文／中川宗弥絵／福音館書店）
『しょうぼうじどうしゃじぷた』（渡辺茂男文／山本忠敬絵／福音館書店）
『わたしとあそんで』（マリー・ホール・エッツ文・絵／与田準一訳／福音館書店）
『あおい目のこねこ』（エゴン・マチーセン文・絵／瀬田貞二訳／福音館書店）
『でてきて おひさま』（内田路子案／丸木俊子絵／福音館書店／『こどものとも』28号）
『ゆかいなかえる』（ジュリエット・ケペシュ文・絵／石井桃子訳／福音館書店）
『まりーちゃんとおおあめ』（フランソワーズ文・絵／木島始訳／福音館書店）
『まりーちゃんとひつじ』（フランソワーズ文・絵／与田準一訳／岩波書店）
『しろいうさぎとくろいうさぎ』（ガース・ウィリアムズ文・絵／松岡享子訳／福音館書店）

〈私と本との出会い〉

『百まいのきもの』（エリノア・エスティーズ文／ルイス・スロボドキン絵／石井桃子

訳／岩波書店）
『世界童謡集』（西条八十・水谷まさる共訳／冨山房百科文庫）
『ふたりのロッテ』（エーリヒ・ケストナー作／高橋健二訳／岩波少年文庫）
『バラとゆびわ』（サッカレイ作／刈田元司訳／岩波少年文庫）

〈岩波少年文庫と私〉

『いやいやえん』（中川李枝子文／大村百合子絵／福音館書店）
『宝島』（スティーブンソン作／佐々木直次郎訳／岩波少年文庫）
『あしながおじさん』（ウェブスター作／遠藤寿子訳／岩波少年文庫）
『小さい牛追い』『牛追いの冬』（ハムズン作／石井桃子訳／岩波少年文庫）
『りこうすぎた王子』（ラング作／光吉夏弥訳／岩波少年文庫）
『ガリヴァー旅行記』（スウィフト作／中野好夫訳／岩波少年文庫）
『クリスマス・キャロル』（ディケンズ作／村山英太郎訳／岩波少年文庫）
『ドリトル先生アフリカゆき』（ロフティング作／井伏鱒二訳／岩波少年文庫）
『トム・ソーヤーの冒険』（トウェイン作／石井桃子訳／岩波少年文庫）
『名犬ラッド』（ターヒューン作／岩田欣三訳／岩波少年文庫）
『ふしぎなオルガン』（レアンダー作／国松孝二訳／岩波少年文庫）

『ウサギどんキツネどん』（ハリス作／八波直則訳／岩波少年文庫）
『ドン・キホーテ』（セルバンテス作／永田寛定訳／岩波少年文庫）
『三銃士』（デュマ作／生島遼一訳／岩波少年文庫）
『ばらいろの雲』（サンド作／杉捷夫訳／岩波少年文庫）
『長い長いお医者さんの話』（チャペック作／中野好夫訳／岩波少年文庫）
『星のひとみ』（トペリウス作／万沢まき訳／岩波少年文庫）
『ハイジ』（スピリ作／竹山道雄訳／岩波少年文庫）
『ニーベルンゲンの宝』（G・シャルク編／相良守峯訳／岩波少年文庫）
『クマのプーさん』（ミルン作／石井桃子訳／岩波少年文庫）
『あらしの前』『あらしのあと』（ヨング作／吉野源三郎訳／岩波少年文庫）
『パセリ通りの古い家』（イスベルト作／藤村宏訳／岩波少年文庫）
『こぐま星座』（ムサトフ作／古林尚訳／岩波少年文庫）
『銀のナイフ』（セレリヤー作／河野六郎訳／岩波少年文庫）
『町からきた少女』（ヴォロンコーワ作／高杉一郎訳／岩波少年文庫）
『四人の姉妹』（オールコット作／遠藤寿子訳／岩波少年文庫）
『銀のスケート』（ドッジ作／石井桃子訳／岩波少年文庫）
『おばあさん』（ネムツォヴァ作／栗栖継訳／岩波少年文庫）

『ふくろ小路一番地』（ガーネット作／石井桃子訳／岩波少年文庫）
『長い冬』（ワイルダー作／鈴木哲子訳／岩波少年文庫）
『秘密の花園』（バーネット作／吉田勝江訳／岩波少年文庫）
『点子ちゃんとアントン』（ケストナー作／高橋健二訳／岩波少年文庫）
『ゆかいなホーマーくん』（マックロスキー作／石井桃子訳／岩波少年文庫）
『セロ弾きのゴーシュ』（宮沢賢治作／岩波少年文庫）
『とらちゃん日記』（千葉省三作／岩波少年文庫）
『しびれ池のカモ』（井伏鱒二作／岩波少年文庫）
『おばあさんの村』（中野重治作／岩波少年文庫）
『坂道』（壺井栄作／岩波少年文庫）
『日本民話選』（木下順二作／岩波少年文庫）
『ムギと王さま』（ファージョン作／石井桃子訳／岩波少年文庫）
『飛ぶ教室』（ケストナー作／高橋健二訳／ケストナー少年文学全集／岩波書店）
『エーミールと三人のふたご』（ケストナー作／高橋健二訳／ケストナー少年文学全集／岩波書店）
『ニールスのふしぎな旅』（ラーゲルレーヴ作／矢崎源九郎訳／岩波少年文庫）
『ジェーン・アダムスの生涯』（ジャッドソン作／村岡花子訳／岩波少年文庫）

『私たちの友だち』（バイコフ作／上脇進訳／岩波少年文庫）
『おにごっこ物語』（エーメ作／鈴木力衛訳／岩波少年文庫）
『チポリーノの冒険』（ロダーリ作／杉浦明平訳／岩波少年文庫）

〈みどり保育園のこと〉

『ももいろのきりん』（中川李枝子文／中川宗弥絵／福音館書店）
『こだぬき6ぴき』（中川李枝子文／中川宗弥絵／岩波書店）
『ジャングル・ブック』（キプリング作／中野好夫訳／岩波少年文庫）

〈子どもの世界〉

『もじゃもじゃペーター』（ホフマン作／瀬田貞二訳／『母の友』181号）

解説　宇宙的肯定

小川洋子

この一冊には、実にさまざまな子どもたちの姿が映し出されています。「とんでもない。まんいんです」と声をはりあげて毛布の中で身を寄せあう子たち。近視防止のため、自転車で家の周囲をぐるぐる走る子。絵本に出てくる森の家の扉を、そっと開けてみる子。「おみそ」扱いでも機嫌よく絵本の輪に加わって、お兄さんお姉さんに褒められる赤ん坊。美術書に出てくる泰西名画の文字から、ハタ画伯に興味を抱く少女。『ふたりのロッテ』をうばいあって読むきょうだい。不眠症のお父さんのため、枕元でお話を語って聞かせてあげる娘さん……。

ページのあちこちから、元気いっぱいの笑い声が聞こえてきそうです。自分だけの世界の秘密を発見して見開かれた、小さな瞳の輝きが、一行一行を照らしているかのようです。ページをめくってゆくうち、そうした子どもたちの中に、遠い日の自分を発見することになります。私も彼らの仲間だったと気づきます。この本を読めば誰でも、かけがえのない子どもの自分と、再会できるのです。

何と心弾む再会でしょうか。とうに忘れたと思い込んでいたあれやこれやが、次々とよみがえってきます。土手を転がり下りながらかいだ、シロツメクサのにおい。お向かいの鉄工所のおじさんたちが手にしていた、鉄のお面へのあこがれ。図書室で借りた本を一刻も早く読もうと、わき目もふらず走って帰る私の背中で、カタカタ鳴っていたランドセルの音。それら記憶の底に潜んでいたものたちが、中川さんの言葉でそっとすくい上げられ、心の湖の水面まで浮上してきました。久しぶりに思い出してみると、何一つ損なわれることなく、あまりにも生き生きとしているので、新鮮な驚きを覚えるほどです。

この再会が幸福なのは、中川さんが子どもという存在を全肯定しているからだと思います。条件は何もありません。そこに子どもがいる。ただそれだけのことが尊いのです。中川さんの肯定の仕方は宇宙的です。どっしりとして揺るぎがありません。温かい両手に守られていながら、少しも窮屈ではなく、それどころか心はどこまでも果てしないところを旅しています。まさに、絵本を読んでもらっているのと同じ安らかさです。

本書のタイトル『本・子ども・絵本』を見つめていると、本と絵本の間にある広々とした野原を駆け回っている子どもの様子が、目に浮かんできます。安全であり同時に自由である、という矛盾しかねない状況が、無理なく一続きになっています。本と絵本はやすやすとそうした野原を作り出し、子どもたちを丸ごと受け止めます。

彼らがいかに物語の奥深くまで入り込んで真の楽しさを見出すか、中川さんは繰り返し書いておられます。ようやく這い這いをしはじめた頃、〝全身これ喜びのかたまりといった格好で〟、本を取り出す力仕事に面白さを発見するところからスタートし、やがて大人の膝の上を基地にして絵本の世界を旅する興奮を味わい、更にはその喜びを子ども同士で分け合いながらどんどん進化させてゆきます。とても大人にはかなわない能力です。

口もうまく回らない、文字も書けない子がなぜ、それほどまで絵本にのめり込めるのか、不思議な気もします。もしかしたら言葉を知らない幼い子の方が、意味やストーリーや主題、といった理屈に惑わされることなく、思う存分ページの海に飛び込めるのかもしれません。彼らがたどり着くのは、言葉が生まれる以前の地点です。便宜上、言葉でこう表しているけれど、本当は人間の考えた言葉など届かないくらいに深遠な場所。子どもたちは皆、そこへ至る道順を知っています。でも言葉が未熟なせいで、大人たちにそれを教えてあげられないのです。

彼らの秘密を探りたいなら、方法は一つ、絵本を読んであげる、これしかないでしょう。私は今、猛烈な後悔に襲われています。息子が小さかった時、どうしてもっとその時間をじっくり楽しまなかったのか。大事な秘密を共有できる絶好の機会だったのに、早く寝てくれないと、原稿が間に合わないなあ……という、つまらない焦りにとらわれていました。自分の原稿など放り出してお話の国を一緒に冒険すべきでした。息子の息遣いに耳を澄ましていれば、道順のヒントをかぎ取ることができたかもしれません。

ただし一方で、子どもが持つ慎重さについても中川さんは指摘しておられます。すべての本に彼らが満足するわけではなく、また、それを受け入れるには、一人一人異なった過程があります。

〝新しい本には、ためつすがめつの時間も必要です〟

私はこの、ためつすがめつ、という言葉が気に入りました。表紙を開き、絵を見やり、一度顔を上げて宙に視線を泳がせる、子どもの横顔が想像できます。迷いとためらいが、利発そうな影を作り出しています。そこでは、時間がその子だけの流れ方をしています。誰も邪魔できない特別な時間です。

だからこそ子どもが手に取る本は、本物でなければいけません。大人が勝手に要約したり、単純化したり、派手な見た目で誤魔化そうとしたものは、結局、見捨てられるでしょう。子どもたちは皆、賢いのですから。

〝……正しい日本語がいちばんよく通じるということです。なぜなら、子ども自身が正しく話そうとしているからです〟

正しい言葉によって組み立てられた舟でしか、言葉の届かない場所へ漕ぎつくことはできないのかもしれません。

長年、保育園にお勤めされた経験を持つ中川さんは、〝絵本を読みながら子どももひとりひとりをしみじみと眺め、心の底から、ああ、何て良い子だろう、可愛いんだろう〟

と感じ入ったそうです。ここを読むと、遠い昔に去ってしまった自分の子ども時代も、後悔ばかりの母親としての経験も、全部が許されたような気持になります。例外なくかつては子どもだった読者の方々も、やはり中川さんの許しに包まれることになります。それどころか、全世界の子どもたちが皆、愛されているのです。

〝子どもがいなくなったら地球はおしまいです〟

これほどの真実をついた言葉を、私は他に知りません。

（作家）

文春文庫

本《ほん》・子《こ》ども・絵本《えほん》

定価はカバーに表示してあります

2018年12月10日　第1刷

著　者　中川李枝子《なかがわりえこ》　絵・山脇百合子《やまわきゆりこ》
発行者　花田朋子
発行所　株式会社　文藝春秋

東京都千代田区紀尾井町 3-23　〒102-8008
TEL　03・3265・1211(代)
文藝春秋ホームページ　http://www.bunshun.co.jp

落丁、乱丁本は、お手数ですが小社製作部宛お送り下さい。送料小社負担でお取替致します。

印刷・図書印刷　製本・加藤製本

Printed in Japan
ISBN978-4-16-791200-0